Cuauhtémoc

T0165979

Biblioteca Pedro Ángel Palou
Novela histórica

Biografía

Pedro Ángel Palou nació en Puebla (México) en 1966. Ha sido promotor cultural, periodista, árbitro de futbol, chef, conductor de televisión, actor de teatro, académico y administrador de educación superior (fue rector de la Universidad de las Américas y secretario de Cultura de su estado natal). Es autor de cuarenta libros, entre los que destacan *Amores enormes* (Premio Jorge Ibargüengoitia), *Con la muerte en los puños* (Premio Xavier Villaurrutia), *En la alcoba de un mundo*, *Paraíso clausurado*, *Malheridos*, *La Casa de la Magnolia*, *Demasiadas vidas* y las novelas históricas dedicadas a Cuauhtémoc, Morelos, Zapata, Pancho Villa, Porfirio Díaz y Lázaro Cárdenas.

Ha recibido varios doctorados *honoris causa* en América Latina y es doctor en Ciencias Sociales por el Colegio de Michoacán, y profesor visitante en la Sorbona, en la París V René Descartes, en la Universidad Iberoamericana y en Dartmouth College. Como parte de su preocupación académica ha publicado *La culpa de México* y *La casa del silencio. Aproximación en tres tiempos a Contemporáneos* (Premio Nacional de Historia Francisco Xavier Clavijero, 1998).

En 2009 fue finalista del Premio Iberoamericano Planeta-Casa de América de Narrativa con la novela *El dinero del diablo*, que fue publicada con gran éxito en 22 países de habla hispana y traducida al francés y al italiano.

Condujo con Felipe Pigna la serie de televisión *Unidos por la Historia*, sobre el Bicentenario, para *The History Channel*.

Pedro Ángel Palou
Cuauhtémoc

Planeta

El rey, medio asado, fue conducido a otra parte,
no tanto por piedad (¿pues qué piedad movió
jamás a tan bárbaras almas que por el dudoso
indicio de algún vaso de oro que saquear hacían
quemar ante sus ojos no ya a un hombre, sino a
un rey tan grande en merecimientos y fortuna?),
como porque su firmeza convertía en más
vergonzosa la crueldad de sus verdugos.

Michel de Montaigne

Moneda espiritual en que se fragua
todo lo que sufriste: la piragua
prisionera, el azoro de tus crías,
el sollozar de tus mitologías,
la Malinche, los ídolos a nado,
y por encima, haberte desatado
del pecho curvo de la emperatriz
como del pecho de una codorniz.

Ramón López Velarde

Primer Amoxtli

I

1 Serpiente, Año 3 Casa

Aquí se cuenta lo que ocurrió al señor de los hombres, Cuauhtémoc. Aquí se dicen sus cosas y sus penas. Aquí por vez primera es él quien habla, y dice y se presenta.

¿Qué puede ser salvado de lo perdido en el mundo?, se pregunta el prisionero al que llevan con rigor dos soldados. Han abordado la embarcación, en la que huía. Su historia se hace agua, como el lago sobre el que descansaba la ciudad hoy destruida. Todo se desvanece en el aire. El tiempo no existe desde que empezó la verdadera batalla, se ha detenido como una bruma densa pero opaca que impide ver el contorno de los sucesos. La sangre y la muerte han sustituido el dulce transcurrir de los días, y todos, no sólo él, el señor de los hombres, apenas sobreviven presas de un sopor anciano. Los cinco soles descansan en sus cuerpos, se amalgaman en ellos, mezclados como si lo único que desearan fuese el final definitivo. Ahora entiende lo que decían las hojas de papel amate sobre la muerte de los dioses. Ahora comprende lo que significa dejar de estar vivo y, sin embargo, tener que levantarse cada mañana. Un cadáver ambulante, un espectro insepulto, un despojo es él.

Hasta ahora ha dedicado cada momento a combatir. La lucha lo ha consumido, como si hubiesen pasado muchos años y no cuatro meses. La derrota le seca la garganta, le oprime el corazón que no resiste más pese a haber sido endurecido con la férrea disciplina de un guerrero águila.

Águila del crepúsculo, se dice mientras avanza por la calzada, tironeado por los hombres que le han colocado, como a tantos otros, sus pesadas cadenas de metal a los pies. Cubiertos de este elemento, los extranjeros han terminado por apoderarse de cuanto pueden, incluidos los templos. Todos de metal sus cuerpos y sus cabezas y sus armas. Montan en ciervos ruidosos, señores del polvo y de la ruina. Ahora él va, conducido con prisa, a ver a Malinche, quien los comanda y guía. ¡Tres veces estuvo a punto de atraparlo, de ofrecerlo al sacrificio de Huitzilopochtli! ¡Tres veces lo rescataron en el último segundo, antes de que él lo viese caer y con él a los suyos!

Ahora, indefenso, sabe que es él quien será asesinado por los otros. Le queda ese consuelo en medio de la profunda humillación de la pérdida, no haber muerto al filo de obsidiana, en medio de la batalla. ¡Ni siquiera pudo salvar a los suyos, a pesar de las cincuenta canoas de la huida! Tecuichpo, su mujer, ha sido también cautiva. Y cautivos están los otros principales, recuerdo de mejores tiempos, de una tranquilidad para siempre huida.

La ciudad del agua ha sido reducida a ruinas, su antiguo esplendor regado por la tierra. Quemadas las casas y los cultivos, destruidas las calzadas y los templos. Antes le llevaban la cuenta de los muertos. Hasta que pereció también, presa de la enfermedad o del hartazgo, quien sumaba los cadáveres antes de que fuesen incinerados. Cuando la muerte se instala como un viento temible deja de tener sentido saber cuántos han abandonado esta tierra. Eso piensa el prisionero, esas ideas se le ocurren mientras camina los últimos metros hasta Malinche, el señor de la destrucción y de la muerte. El odiado y temido señor de los extraños.

Y del hambre.

Resuenan en su mente las palabras del sacerdote de Quetzalcóatl:

—¡Oh, señor nuestro, más querido que todas las piedras de jade y que las plumas ricas, las plumas del colibrí, del quetzal y del quechol! Han perecido ya, se han ido a sus aposentos los señores, tus antepasados, aquellos de quienes eres hechura. Fue por mandato de los dioses que soltaron la carga que a nosotros los unía. Huérfanos nos han dejado. Al último, tu tío Cuitláhuac, prestado le tuvimos por pocos días y luego se marchó, por llamado de los dioses, al regimiento de otros difuntos. Se nos ha apagado la luz. Nos hemos quedado sin lumbre. A oscuras perecíamos hasta que los dioses nos han devuelto el resplandor del sol que eres tú. En letras rojas está escrito que eres el señor de la silla y el estrado. Brotado de la raíz de los tuyos, que ellos plantaron años atrás, has sido elegido. Has de llevar la carga que ellos llevaron. Deberás poner tus espaldas debajo de esta carga que un tiempo será tuya o por suerte te quitará la muerte. Es como un sueño tu elección.

Allí están las palabras del sacerdote más sabio y más viejo, que ahora lo llevan a las lágrimas. Recuerda, incluso escucha:

—¿Qué harás si lo que es tuyo y de tus hijos muy pequeños y queridos se destruye, y el resplandor se convierte en tiniebla? ¿Qué harás si antes de tiempo la muerte se viene sobre ti? Eres un árbol, cobijo, pochote o ahuehuete, gran rueda de sombra donde todos llegan al amparo.

Los dioses parecían burlarse de su valor, como si se diesen cuenta de su ineptitud. De lo sucio y oscuro, los dioses lo sacaron para convertirlo en el jefe de los hombres, el que habla por ellos, por los dioses. Un rango que, bien estaba visto, él no merecía. Humilde contestó en ese momento, hace tan pocos meses:

—¡Hágase, sin embargo, lo que los dioses desean! No entiendo lo que han visto en mí, como quien busca una mujer diestra en el tejer y el hilar. Yo no me conozco, no me entiendo a mí mismo ni sé hablar.

Dichas esas palabras, lo condujeron los hombres del consejo, libre de toda insignia o dignidad, desnudo desde su palacio en Tlatelolco hasta el templo de Huitzilopochtli. Todas las gentes asomaban sus cabezas para mirar al nuevo jefe de los hombres.

Entonces, frente a la enorme piedra, le colocaron el manto verde pintado de osamentas, el velo verde que ocultaba sus ojos, amarrado a la cabeza con el incensario, y el copal en ambas manos, mientras él repetía frente a Tezcatlipoca la oración aprendida, juntando fuerza o valor:

—¡Invisible señor de cuanto nos rodea, impalpable dios que me miras ahora y sabes que soy un pobre hombre de baja suerte, nacido y criado entre la suciedad, de poca razón y menos juicio, lleno de defectos! Ahora me has conmovido con tu designio al sacarme de la sombra. ¿Quién soy yo y cuál es mi valor para que aquí me pongas, si amas y conoces y tienes por amigos y escogidos y dignos de toda honra, criados de generosos padres? Sólo porque con sus lloros y ruegos te lo pidieron los antiguos señores que estuvieron en esta silla, es que se hizo la elección de mi persona, colocándome su pesada carga, difícil y espantosa, en las espaldas. Nada de esto merezco. Tullirme las extremidades, sacarme los ojos y que anduviese con mantas rotas, ese sería mi verdadero vestido. ¡Enséñame el camino, muéstrame tu espejo humeante, Tezcatlipoca! No me permitas llevar a los míos, que tanto quieres, por camino de venados, por camino de conejos. No te apartes de mí. Visita mi pobre morada para que no me equivoque más. Yo soy tu boca. Yo soy tu cara. Yo soy tus orejas. Yo soy tus dientes. Yo soy tus uñas aunque sólo sea el más pobre y el más infeliz de tus esclavos.

Pronunció esas palabras encima del Templo Mayor. Hoy los otros han roto las piedras, han querido asesinar a los dioses, colocando sus cruces en donde quiera: clavan y clavan sus maderas después de haberlo destruido casi todo. Y es que el espejo negro de obsidiana se oscureció y sólo vino a mostrar unos cuantos hombres esclavos, resto único del esplendor de jade de los suyos. Los dioses los habían abandonado por siempre. El dios de los otros los protegía, les brindaba mejor suerte. La suya, la del último jefe de los hombres, águila del crepúsculo, estaba rondando ya: era la muerte.

Así se lo hizo saber al Malinche cuando estuvo frente a él. No estaba la lengua —Marina, le llamaban—, que traducía todo lo que le decía en su idioma y repetía en maya a un Jerónimo Aguilar quien finalmente lo vertía en toscos gritos de garganta en el idioma de los extranjeros invasores. Así que con su propia mano sacó un cuchillo que Malinche llevaba al cinto y se lo tendió. Hizo el gesto entonces de rogarle que le diese muerte.

Dijo con palabras que quizá nadie pudo comprender:

—He hecho lo que pude para defender a los míos y, puesto que he sido derrotado, te suplico me honres quitándome la vida. Malinche volvió a guardar el cuchillo. No pronunció palabra, como si no entendiese el mínimo gesto de misericordia que aquel prisionero le imploraba. Se limitó a dar órdenes; que le diesen de comer, dijo. Llegó la intérprete, el séquito de los suyos, Tecuichpo, su mujer. Sus veinte cercanos. La guerra había terminado. Empezaba el éxodo. Caminando, en canoas, como podían, salían de la ciudad destruida hombres y mujeres, cargaban a sus ancianos y a sus niños y escapaban de allí como si temiesen algo aún más espantoso. Nada más atroz que la ruina existe.

No puede haber muerte después de la muerte, ni dolor más punzante que el dolor. ¿Cómo salvar algo, una pluma de quetzal o un último pedazo de carne en medio de lo que se ha perdido?

El jefe de los hombres, su último señor, es para siempre prisionero.

Esa noche cayó la tormenta. Dos o tres horas, no más. Un estruendo de cielos que lloran. El cielo negro, oscurísimo. Sin estrellas ni presagios. Territorio de la nada, signo del olvido, el cielo de esa noche. Y luego el silencio. De pesada roca el silencio de esa madrugada terrible, primera del reino oscuro de la derrota. Noventa y tres días con sus terribles noches duró el cerco de la ciudad antes de su ruina. Ya no había nada que comer que no fuesen gusanos o la carne aún caliente de sus propios muertos. Roto el canal de Chapultepec, tampoco había agua, y el hedor se hacía insoportable. Aun así no cesaban los cantos ni el caracol llamando a guerra. Noventa y tres días con sus noches la ciudad fue un continuo griterío. Y ahora, como llegado de la oscuridad misma, reinaba, majestuoso, el silencio.

Un silencio que no era bello, no. Un silencio que tampoco era presagio o antesala de nada. No. Era un silencio eterno, venido de un lugar anterior al tiempo. Un silencio anterior a los hombres. Un silencio antiguo, quizá también anterior a los dioses.

El silencio de la muerte de ese 13 de agosto de 1521. Día de la muerte, miquiztli, de ese año aciago, 3 Casa, que no se olvidará nunca. ¿No es la muerte también el olvido?

El prisionero duerme por vez primera amarrado, sabe que el último consuelo, su asesinato, no llegará pronto. Intuye los planes de Malinche, pero no puede saberlos del todo. Se concibe como instrumento de ese hombre que no conoce ni entiende, al que sólo teme y odia. De ese hombre que ha llegado por el mar, con sus enormes cerros que se movían. De ese hombre que con trece de los pequeños cerros ha terminado por aniquilarlo a él. El señor traicionado, el jefe de los despojos y la nada.

Él había salido en su canoa, oculto bajo el toldo, pensando que no sería visto, que podría escapar hacia Xochimilco y luego rehacerse con los suyos para volver al combate y llevar a Malinche a la piedra de sacrificio. Estaba cansado, casi luchaba solo. No quiso asistir a la ceremonia de adivinación, que otros se ocupasen de esas cosas, él prefería luchar, que su destino lo encontrase en medio del campo, no en el templo.

Pero le vinieron a contar lo que el espejo de Tezcatlipoca había dicho: que había de perecer su gente. Que la derrota era el único futuro.

Todavía intentó con su última arma asustar a los intrusos, a los que llegaron del mar, a Malinche. Mandó que vistieran a Opochtzin, un guerrero de Coatlán muy bravo, con las ropas de su propio padre, Ahuízotl. El temido disfraz de tecolote:

—Esta es la ropa de mis ancestros, el traje de quien me hizo carne. Asusta y espanta a la gente, a los enemigos y a los tlaxcaltecas y huexotzincas. ¡Que se mueran del susto o se paralicen sus movimientos! Con cuatro guerreros y sus ejércitos salió al campo de batalla.

Sólo los teules cubiertos de metal no comprendieron quién era o a quién representaba Opochtzin. Los demás se quedaron quietos, como si hubiesen visto el rostro de la muerte misma, su calavera desdentada. Las flechas de los guerreros caían en los cuerpos de los enemigos, anunciaban una posible victoria.

Uno de los teules, subido en un ciervo de ruido y polvo, vino con su arma de metal a cortarle la cabeza al guerrero de Coatlán.

Rompió sus vestiduras, el traje de tecolote hecho con plumas de quetzal del padre de Cuauhtémoc.

Se acabó el miedo.

Se perdió de nuevo la batalla.

Entonces cayó la noche y una bola de fuego voló por los cielos, llegada de ningún lugar, y con estrépito vino a sumergirse en medio de la laguna. Había llegado la hora. Era visto. Ya nada podía hacerse. Pero él no podía, tampoco, quedarse allí, varado como una caña seca.

Siguió combatiendo como el primer día, queriendo librarse de lo que en su nombre estaba escrito, que él sería el último jefe de los hombres, su águila postrera. Su derrota.

Ahora recuerda los preparativos de esa huida, el anhelo de llegar a tierra firme y salir con los suyos a resguardo. La necesidad de rehacerse en otro lado, con los pocos fieles que le quedaban para regresar a dar cuenta de Cortés, el maldito Malinche, y de los otros teules que habían llegado a perturbar la calma de sus días, la tranquilidad de la tierra.

Él había sido formado para guerrear. Luego se cansó de esa época extraña en la que Moctezuma inició el reinado de la sangre por la sangre, la muerte por la muerte. Dejó de tener sentido. Fue al regreso de la guerra florida. Él había capturado algunos hombres. Recibió los mantos, las insignias de la dignidad nueva.

Vio la futilidad y quiso consagrarse a los amoxtli y a los dioses. Así lo pidió en el Calmécac y le fue concedido.

Cambió las armas por la sabiduría. Se dejó crecer el pelo como los otros sacerdotes.

Hasta que vio caer a Moctezuma en lo alto del templo. O al menos eso creyó ver mientras su pueblo lloraba desconsolado. Entonces se dijo que ya bastaba. Se cortó el pelo y volvió a vestir las ropas del águila, había vengado a los suyos del timorato y de los hipócritas, de los traidores y los halagadores profesionales.

Así estaba escrito desde que él nació, y quiso evitarlo, convertirse en otro. El viento lo había marcado para luchar por los suyos. Nunca más dejaría morir a los niños y los viejos, a las abuelas y los tíos. Eso se dijo mientras pintaba su cuerpo de negro y se ungía y lloraba también él con profunda tristeza la inevitable muerte de su tío, que tarde comprendió que los teules no eran dioses sino hombres. Viles y crueles esos hombres que también morían y no sabían cómo hacer la guerra sino sólo matar. ¡Malditos teules!

Él colgaría la cabeza de Cortés en el cempantli y las cabezas de cuatrocientos teules más que ofrendaría a Centzon Totochtin, a los cuatrocientos conejos para obtener la abundancia y la embriaguez del triunfo.

❀ ❀ ❀

Antes de ser capturado por los teules, escuchó otras voces de desánimo, todos los barrios ya tomados por Malinche, menos la pequeña laguna de Amaxac, sobre la ribera de las calzadas de Tlacopan a Tepeyacac.

Había que deliberar entre los escogidos qué era lo que debía hacerse, cómo escapar. A Tolmayecan fueron llamados por su señor. Vistos por la lengua, Marina, ella les preguntó la causa de no pactar la paz final con Malinche, antes de morir allí, sin provecho alguno.

Tlacultzin dijo:

—Cuauhtémoc prefiere morir antes que venir ante ti.

Malinche también habló, cubierto de metal:

—Dile que se vuelva con los suyos —le pidió a Marina por intermediación de Aguilar— y que se preparen para el final. Los voy a acabar de matar.

El espectáculo era pavoroso: muertos encima de los muertos, no se podía caminar por las pocas calzadas que quedaban en pie. Y así, a nado, ocultos tras las chinampas y detrás de sus canoas, muchos se ahogaron por el agua que tragaban. Cinco horas mientras intentaban unos luchar, y otros, las mujeres y los viejos y los niños, huir de allí.

El hombre más viejo de los elegidos le habló a Cuauhtémoc, águila del crepúsculo, en estos términos:

—Bien empleado ha sido nuestro designio. En todas las cosas te has mostrado valeroso. No hagas las paces con los teules. Desde que llegaron a estas tierras, las cosas han ido de mal en peor. Mira en qué paró tu ancestro, el gran Moctezuma, por las dádivas y regalos que les hizo. Mira a tu primo Cacama, hombre de Texcoco, y lo mismo a tus otros parientes, señores de Ixtapalapa, de Coyoacán y Tlacopan. Muchos han muerto. Todo se ha consumido en estos días. No te fíes de las palabras de Malinche. Más nos vale morir peleando que no vernos esclavos y atormentados.

Él, entonces, envalentonado por esas palabras, les pidió que guardasen bien el último maíz y les repitió que debían morir peleando.

—¡Yo mataré a Malinche! —se atrevió incluso a pronunciar.

Y creyó ciegamente en ese designio de los dioses cuando triunfó contra los teules en Tlatelolco.

La última victoria, la que peor sabe ahora en su prisión de grillos de metal y de silencio. Él mismo abría unas horas antes el pecho de tres prisioneros y otro tanto hacía Mayehuatzin, señor de Tláhuac. Mataron a los traidores de Xochimilco, por haberles mentido.

¡Era el hombre del territorio de la muerte! Imploró al dios:

—Señor, mago colibrí, ¿por qué nos abandonas? Me horadé el miembro con mi cuchillo de obsidiana, herí mi cuerpo con su filo. Si deseas me lo cortaré para ti. ¿No te conmueven las muertes de tus hijos, tan pequeños? Sálvalos. ¿A dónde hemos de irnos si de aquí somos? En pie de guerra estamos. Mexicanos somos. Tlatelolcas somos. Con nuestras flechas y nuestros escudos Tenochtitlan sobrevive.

Y grita, pero hacia adentro, palabras que nadie oye:

—¡A morir, mexicas!

٭ ٭ ٭

¿No ha sido otras veces prisionero? De su cuerpo, de sus temores, de sus dudas. De los designios y mandatos de los otros. Prisionero, también, pero gustoso, de los dioses. Y ahora del que los teules llaman capitán: Cortés. Malinche para él y los suyos.

El mundo y sus cosas son presas de la inestabilidad misma, él lo sabe: lo que ahora mira y huele y escucha y prueba y sufre está condenado a desaparecer. Así ha ocurrido cuatro veces antes de este último final. Ometecuhtli, el hombre de la dualidad, Omecíhuatl, la señora de la dualidad, igual llamados Tonacatecuhtli, señor de nuestros alimentos y Citlalatónac, la estrella durmiente, moran en el Omeyocan, el lugar de la dualidad. El señor de nuestros alimentos protege el tiempo y el calendario. A Cipactli, que lleva la tierra en sus espaldas. El último signo del calendario es protegido por la estrella durmiente, Xóchitl. Son los únicos que vivieron antes de que iniciara el tiempo. Serán los únicos sobrevivientes de la destrucción final, en su décimo tercer cielo.

Omeyocan, tlacapillachihualoya. Allí donde se fabrican los hijos de los hombres. En ese lugar han estado siempre los dos ancianos. Nacer es descender del cielo. Morir —ese debía ser su consuelo— es regresar allí.

¿Pero merece él ese premio o habitará en el Mictlán por sus ineptitudes, por haber hecho perecer a su pueblo en la lucha imposible con los teules? No lo sabe, y eso parece carcomerle las entrañas.

En los amoxtli está escrito: de Omecíhuatl nació un técpatl, cuchillo de pedernal para el sacrifico. Cayó en el norte y de él nacieron mil seiscientos dioses: legión infinita precedida de Xipe Totec, el Tezcatlipoca Rojo: dios del este y del amanecer. Tezcatlipoca negro, dios de la noche y del frío. Quetzalcóatl, dios blanco del oeste y del sol que se pone, como él: sol poniente, sol del crepúsculo. Huitzilopochtli, dios azul, sol del mediodía.

Seiscientos años descansaron estos dioses antes de crear el fuego, el tiempo, el Mictlán y sus dioses, los trece cielos, las aguas y sus dioses.

Cuatro soles, pues, preceden al suyo. ¡Nefasto día cuatro en el que ha perecido cada uno! El sol del tigre, el sol del viento, el sol de la lluvia y el sol del agua. Un temblor de tierra, está escrito, terminará con este mundo del que él sólo es una brizna de polvo.

Primero la tierra estuvo poblada de gigantes, pero el sol se detuvo y en la oscuridad de la tiniebla las fieras devoraron a los pobladores. Luego un terrible huracán convirtió en monos a los hombres. Luego en 4 Lluvia, nahuiquiahuil, el fuego cayó del cielo y los hombres se convirtieron en guajolotes. En 4 Agua un diluvio de cincuenta y dos años dejó las montañas sumergidas y los hombres se convirtieron en peces, salvo una pareja que salvó Tlacahuan Tezcatlipoca. Los subió a una canoa tallada en un tronco de ahuehuete, cada uno con su mazorca de maíz. Ellos lo desobedecieron al encender el fuego para comerse un pez. Les cortó los pescuezos y les cosió las cabezas a las nalgas: los convirtió en perros.

Xólotl y Quetálzoatl, acaso el mismo dios, subieron del Mictlán los huesos de los muertos y los regaron con paciencia con su propia sangre. Hambre y terremotos, dicen los amoxtli, terminarán con este sol, Nahui Ollin, el movimiento.

Todo eso le pasa por la cabeza antes de quedarse dormido.

Porque es la noche personal un consuelo: el del olvido.

Siquiera en esas horas escasas su cuerpo se desvanece y él ya no está aquí para contemplar su ruina.

Quizá voy a irme, escucha una voz que le susurra, a morir. Yo, la tierna planta del maíz. Mi corazón es como una piedra verde, ¡uiya!, no más en la tierra.

Ya sólo queda, oscura y pesada, la noche de ese primer día de su cautiverio. Él no puede saber lo que le espera. La verdadera humillación apenas comienza.

Un viento temible, del sur, del lado de las espinas, rompe el silencio con su canto de muerte.

II

Año 1 Caña

¿Que cómo sé yo todo esto? Sepan todos los que vean este documento que yo me llamo Ocuilin, sepan que soy un enano huasteco. Bufón, paje, criado. Llámenme como quieran en un idioma que no es el mío, y que me pesa como me pesan su Dios y su rey y mis días en este lugar que ustedes llaman Nueva España. Con esta declaración hago mi testamento. Y estoy esperando la muerte de la que ninguno se puede escapar, la cual a nadie abandona. Mi cuerpo lo dono a la tierra, que pues de ella salió; ya que es tierra, es lodo. Y deseo que tan sólo sea envuelto en una manta para que así sea enterrado. Quiso la suerte que se me asignara cuidar al joven Cuauhtémoc desde su entrada al Calmécac. Lo acompañé hasta su muerte camino a esa tierra que ustedes llaman Hibueras. Lo presencié todo, lo observé todo, lo escuché todo. ¿Eso les basta para confiar en mí y seguir leyendo? O tal vez tenga que decirles que ahora sigo mi oficio en las manos de quien fuese su mujer, Tecuichpo, bautizada por los españoles como Isabel de Moctezuma, y casada por segundas y terceras y cuartas nupcias con un teul, como le llamamos nosotros a los de Castilla. No lo sé ni me importa. No escribo esto, como tantos otros, para obtener falsas dádivas de la Corona o de capitán alguno. Lo hago para que quede memoria, recuerdo. Para disipar también una que otra mentira. No se me juzgue entonces si digo *silla*, porque uso la palabra castilla y no *ictpalli* para que se me entienda. Escribo en castilla, no en náhuatl, aunque use palabras de mi lengua allí donde no sé qué escribir ya. Y me obligo a mí mismo a traducirme e interpretarme una y otra vez como enloquecido. Soy fiel a mi memoria. Eso es lo que vale.

❂ ❂ ❂

Los nemoteni, cinco días funestos en los que no debe hacerse nada, anuncian el año del regreso del dios del sol blanco, serpiente emplumada: Quetzalcóatl. En este Año Caña son en realidad seis los días de asueto.

Él mismo lo predijo al salir por el mar después de haber abandonado su silla y el cuidado de su pueblo. Cantaban los ancianos: se fue el hombre de las gloriosas plumas finas. Sólo restan allí las casas de turquesas, las casas de serpientes que dejaste perdurar allá en Tolán, a donde hemos ido a clamar: ¡Nacxitl Topiltzin, nunca perecerá tu nombre, pero por él llorarán tus vasallos!

Desierta su ciudad, idos sus palacios de jade desde un tiempo tan lejano que ya ninguno lo recuerda bien. Salvo los dioses mismos, que no perdonan.

Un año antes ya se había dado esta señal de alarma. Un macehual había logrado llevar la noticia hasta Moctezuma, el joven. Un ligero temblor en el esclavo denotaba pavor. Así habló el hombre:

—Huey Tlatoani, perdóname tanto atrevimiento pero es necesario que diga algunas cosas. Llegué hasta la orilla del mar grande y contemplé en medio de sus aguas una sierra o un cerro grande que iba de un lado a otro sin llegar a la orilla. Yo soy el cuidador de las orillas y nunca había visto nada igual. ¿Qué dioses venían por la mar del cielo a la tierra de los hijos del Colibrí?

Petlalcatl fue enviado a corroborar con sus propios ojos lo dicho por el joven. Anduvo muchas leguas hasta Chalchiuhcuecan y subido en un árbol los contempló: hombres blancos con barbas largas y rubias como los rayos del sol bajaban de los cerros con sus telas verdes y sus sucias telas rojas, a pescar, y cubrían sus cabezas con paños y cosas raras.

Los hombres no dijeron nada frente a la roca donde los sacerdotes ofrendaban la sangre de dos jóvenes a los dioses. Les sahumaron con incienso y se fueron otra vez a sus cerros, y se perdieron en el horizonte sin que se los volviera a ver. Eso ocurrió exactamente hace un año. Ahora los cerros que se mueven han vuelto. Tentlitl, por órdenes de Moctezuma, el joven, envió a uno de sus principales, Cuitlalpítoc, a que llevara regalos para los extranjeros. Portaron en sus canoas las ofrendas hasta el más grande de los cerros. Una mujer como ellos les dijo en su lengua:

—Vengan y suban y díganme de dónde son naturales.

—De la grande Tenochtitlan.

—¿A qué vienen hasta acá?

—A ver a ese que está contigo.

La mujer se fue por un tiempo y luego regresó a preguntarles quién era el que los enviaba.

—Moctezuma, el joven —respondieron ellos.

—¿Y para qué los envía?

—Quiere saber para dónde va o qué viaje lleva el que viene contigo.

Otra vez desapareció la mujer para regresar a decirles que su señor mandaba la noticia de que quería ver a Moctezuma.

—¿Apenas ha llegado y ya le quiere hablar? Dile que le tenemos esta noticia de Moctezuma: la silla y trono en que él está es suya en realidad, sólo que ahora la mantiene en tenencia. Dile que reciba estos regalos. Diez cargas de ropa blanca de algodón y plumas y varias piezas de oro.

El señor que venía con la mujer les dio una bebida que los embriagó y le mandó a Moctezuma unas cuentas de vidrio.

Bajaron a tierra firme. Nada bueno parecía venir con los hombres de la mar del cielo. Tentlitl fue a la playa a conocerlos y llevaba con él diestros pintores para que copiaran la cara y los cuerpos de todos ellos y se los mostrasen a Moctezuma.

Los hombres descendieron con sus ciervos, que montaban y hacían sonar sus armas de humo y los cascos de sus animales que levantaban el polvo, y gritaban al unísono las armas de esos hombres que rugían y tronaban.

De hierro se visten —habrían de contarle a Moctezuma—, de hierro están cubiertas sus cabezas y de hierro son sus espadas, escudos y lanzas. Sus figuras llegan hasta los techos encima de sus enormes ciervos, los cuerpos envueltos por todas partes. Comida de príncipes es la suya, siguieron diciendo. Grande y blanca también y con sabor dulce. El dulce sabor de la miel de abeja. Y los acompañan grandes perros. Enormes perros con orejas plegadas a las caras y lenguas que echan espuma y baba y les cuelgan gigantes de los belfos. Tienen ojos de fuego esos perros, llamas salvajes emergen de sus miradas. Jadean y tienen en la piel motas como de jaguar.

Todo eso lo supo el señor grande, jefe de los hombres, en su ciudad de Tenochtitlan mientras veía los dibujos hechos por los tlacuilos y lloraba y oraba miedoso y se decía que era cierto: el dios aguardado, Quetzalcóatl, había vuelto por el mar de los cielos, como dijeron los viejos de Tolán.

—Este trono y silla y majestad suyo es, y de prestado lo tengo — volvió a decir, al tiempo que se encerraba por varios días con sus adivinos. Debía saber si era realmente cierto que la Serpiente Emplumada había vuelto al Anáhuac.

✦ ✦ ✦

Supo entonces que a él le correspondía conquistar a ese dios, mostrarle lo que los hombres habían hecho para cuidar sus cosas y seguir sus viejas enseñanzas aprendidas en los amoxtli. Llamó a Tilancalqui, uno de sus guerreros más valientes, y le pidió que reuniera a muchos jóvenes nobles y valientes para que lo acompañaran a la ribera del mar. Un grupo grande de esclavos iba con esa corte llena de regalos y oro. Presas del temor. Les solicitó que dijeran a los que arribaban en navíos que todo lo que fueran a menester ellos lo recaudarían.

De boca en boca corrió la noticia por Tenochtitlan y hasta Tlaxcala. Por Tlatelolco y hasta Cholula. Muchos días después la embajada llegó hasta el señor de los extranjeros, a quien debían entregar los presentes que el Huey Tlatoani Moctezuma Xocoyotzin enviaba.

Moctezuma, el menor, el joven, noveno rey de un rico imperio de casi doscientos años, el señor de los mexicas, el Huey Tlatoani, ambicioso de ser el único en gobernar aún sobre la Triple Alianza. El nunca subyugado, aquel que había impuesto por sobre sus súbditos penas de muerte si le veían a los ojos, hoy moría de temor ante el inminente regreso de Quetzalcóatl: el que regresaría de oriente, según lo prometido. Moctezuma, en el primer instante, no supo qué hacer con Cortés y prefirió mantenerlo alejado con unos cuantos regalos.

—Diré a Quetzalcóatl que lo aguardábamos. Que estábamos desasosegados por su ausencia. Graves fueron los tiempos. El pueblo tenochca ha peleado contra los purépechas, los tlaxcaltecas y los cholultecas. Graves han sido los problemas externos, pero han sido más espinosos los internos, con mi propia gente. La discordia ha envenado a tantos de sus hijos, herederos de los señores toltecas. Él, el Sumo Sacerdote, se encuentra ya tan cerca de nosotros. Pero es preferible que siga su camino. Este imperio no tiene el tamaño que tenía cuando partió. Que los esfuerzos han sido muchos. Que se retire.

En voz alta repetía sus ideas el soberano, frotando sus manos cadavéricas.

Moctezuma lloraba en silencio. Por él y por el pueblo de Huitzilopochtli mientras todos en el reino estábamos apesadumbrados ante los muchos rumores de la llegada a la costa de gentes que venían de donde sale el sol, para reclamar el poder que les era natural, pues nosotros sólo lo teníamos prestado.

La noticia llegó hasta el gobernador, como ustedes lo llamaron, o tlacatécatl, como decimos nosotros, de Tlatelolco: Cuauhtémoc. Tengo muy claro el momento en que ocurrió lo que cuento. Yo me había enterado en el mercado, por los pochetcas, que el Huey Tlatoani estaba angustiado porque sus presagios eran ciertos. El incendio del templo de Huitzilopochtli, los rayos que habían caído cerca de la morada de Xihuhtecuhtli, dios del fuego, los zopilotes volando bajo y la estrella enorme de tres colas que todos habían visto, eran por el arribo en las costas de barcos gigantes, hombres enormes con cuatro patas, blancos comandados por el que regresaba a reclamar su pueblo después de haber sido expulsado de Tula: Quetzalcóatl.

—Tlacatécatl, mi gran guerrero, debo contarle los rumores funestos que escuché de los pochtecas en el mercado —le dije angustiado.

—¿Qué noticias me traes? ¿Viste a tus parientes huastecos, Ocuilin?

—No, esto es de Moctezuma, que está perdiendo el sosiego, dicen que lo rondan los malos espíritus. Cuentan que envió hombres a recibir a Quetzalcóatl, quien llegó en casas que flotan en el mar, pero muchos creemos que no es él, El Gran Señor, porque varios han tenido alucinaciones con perros que llevan manos en la cola. Muchos han visto cómo se incendiaban los templos de nuestros dioses sin razón alguna. Y ahora Moctezuma envía gallinas, y ropa de algodón y vasijas de oro a los que están bajando a tierra, venidos del mar como si fueran los dioses: teules.

—Calma, Ocuilin, calma. Necesito que tengas sosiego. Relátame todo con más aire en tus palabras.

La escena preocupó bastante a Cuauhtémoc. Él sabía que Moctezuma, antes tan fuerte y buen estratega, ahora era un hombre cualquiera, presa del miedo. Además, a pesar de que habían pasado más de tres vueltas de la tierra al Sol, aún tenía fresca la desilusión que lo había hecho presa en la última guerra florida, en el año 10 Caña, en el que se presentó la oportunidad de consolidar el Imperio azteca al conquistar los territorios incrustados en los límites del poderío de Moctezuma para ofrecerlos a su patrono Huitzilopochtli.

—El momento de reivindicación después de la humillación sufrida por el Imperio tarasco se presentaba hoy, al caer el sol y bajo la protección del dios Tezcatlipoca. Serás uno de los cihuacóatl, Cuauhtémoc, que encabece la batalla de los mexicas para apoyar a los señores huexotzincas con el fin de derrotar a Tlaxcala. Los prisioneros que captures te darán el siguiente rango.

El tan anhelado territorio Huexotzingo-Tlaxcala podría dejar de ser un peligro para las tierras mexicas, y Moctezuma podría entonces olvidar sus intentos fracasados por conspirar en contra de Tlaxcala. Así ordenó el soberano que se hiciera otra guerra florida o *x chiyaoy tl*. Una tradición de sus antepasados, impuesta por el gran Huey Tlatoani Moctezuma Iluhicamina, quien orientado por su consejero militar de más estima, Tlacaélel, y en consenso con los señores de Tenochtitlan, Texcoco y Tlacopan, había acordado celebrar estas guerras cada cierto tiempo contra sus enemigos en las ciudades de Tlaxcala, Cholula y Huexotzingo, para tener prisioneros que ofrecer al dios Sol y así evitar tantas hambrunas y calamidades.

Así comenzó la grandeza tenochca, en esos tiempos: la más honrada. El territorio se fue extendiendo con tal fuerza y había alcanzado tal poder, que los otros pueblos hablaban ya otro idioma —el impuesto náhuatl— como mis parientes huastecos. Nuestros eran sus dioses mexicas y sus costumbres.

—Si nuestro señor Tláloc nos ayuda, no será difícil traer corazones para Huitzilopochtli, y algodón y viandas para los nuestros macehuales que perdieron maíz y frijol por el dique de Netzahualcóyotl que se rompió cuando el sol no salió y las aguas se derramaron. Estoy listo para ir a esta guerra florida —platicaba emocionado Cuauhtémoc mientras nos alistábamos para partir. Con esa emoción de un muchacho joven, muy pequeño de días.

Las guerras floridas otorgaban a los mexicas impuestos, tributos, y sobre todo sangre para mantener a nuestros dioses contentos, situación que fue engrandeciendo a los antepasados de Moctezuma Xocoyotzin y a Cuauhtémoc, en esos días muy joven. Después, con Tízoc como sucesor del trono, el gran nuevo Templo Mayor para ofrendar a Huitzilopochtli inició su construcción. Pero su reinado duró tan poco que no alcanzó a verlo terminado, pues fue muerto por sus enemigos políticos y militares, y su fama no llegó a más.

Así, lo sucedería Ahuízotl, el octavo Huey Tlatoani, que ustedes llaman rey, y padre de Cuauhtémoc, mi señor. Las guerras no sólo habían provisto al Imperio de prisioneros, esclavos, mujeres, tributos, sal, maíz y de regalos del mar. También de enemigos, temores, pleitesía y honores. Ahuízotl había conquistado a más de cuarenta y cinco pueblos a merced de Huitzilopochtli, el omnipresente y poderoso dios que tiempo atrás nos reveló el milagro del sitio promisorio: el islote con un águila erecta sobre piedras, que sostenía a un nopal y el símbolo de la guerra en el pico.

Yo llegué desde entonces, prisionero en una guerra florida contra los huastecos, mis parientes. Al gran Ahuízotl le hice gracia porque a Cuauhtémoc, un bebé entonces, le había gustado y reía conmigo. Así fue como me quedé junto a los que lo cuidaron y amamantaron a la muerte de su madre, y así tuve el honor de vivir en la gloria del Huey Tlatoani, orgulloso padre de Cuauhtémoc, el águila caída: Ahuízotl, quien habría de sacrificar en la inauguración del Templo Mayor a más de veinte mil de sus cautivos en las *xōchiyaoyōtl* con los tlapanecas. El Sol, con ese vasto sacrifico de sangre, jamás había brillado tanto, recordaríamos todos.

Recordaré que con la muerte de Ahuízotl, estas batallas decayeron, como todo lo que tiene un punto alto y un punto bajo; ya no hubo tales sacrificios copiosos. Los prisioneros se exhibían en los mercados en jaulas y el ambiente de tensión con los pueblos iba acrecentándose: el odio nos circundaba en los límites del Imperio. Se perdían también muchos guerreros y se aprisionaba a otros tantos luchadores de Tenochtitlan.

Durante el reinado del noveno rey, las guerras habían perdido toda su fuerza primera. Las enseñanzas en el Calmécac no concordaban con los propósitos de Moctezuma pues, para iniciar las guerras floridas, ya el único ímpetu era liquidar a cualquier enemigo, no para fines de tributo a los téotl sino para erradicar el miedo feroz de terminar traicionado como sus antecesores, como mi señor Ahuízotl, como Tízoc. Ese temor lo había orillado a cometer osadías a costa del orgullo y las vidas de muchos guerreros mexicas, y a utilizar las guerras floridas a su capricho y antojo. Pero Cuauhtémoc era joven, y deseaba ser un señor Otomitl, un guerrero, que pudiera traerle grandes regalos a su pueblo.

Así fue que estuvo listo para ir a la última de las *xōchiyaoyōtl*, la guerra que llamábamos florida.

Mientras lo ayudaban, el día que se marchaba, a poner se su vestimenta, yo le pulía sus flechas y escuchaba atento, siempre atento. Su primera tarea en esta batalla fue prestar auxilio a los señores de Huexotzingo, y así lo hizo el jovencito, escoltando a los nobles de Huexotzingo hasta México-Tenochtitlan para luego regresar a dar lucha a las tropas tlaxcaltecas.

—Estoy listo para capturar no dos ni cuatro sino hasta diez tlaxcaltecas y ser un Otomitl, Ocuilin, pido protección, fortaleza y serenidad a los dioses —me decía. Yo lo seguía como una insignificante sombra y lo auxiliaba en lo poco que podía, llevando agua con árnica en un bule, para apaciguar la sed.

El tambor resonaba con todas sus fuerzas y las tropas se lanzaban contra el pueblo dividido de Tlaxcala-Huexotzingo. La discordia entre ambos pueblos debía ser aprovechada para así vengar las anteriores derrotas del Huey Tlatoani Ahuízotl. El entusiasmo embriagaba a Cuauhtémoc, que tomaba, al inicio, con su propia vida el encargo de Moctezuma: arrancar el corazón de los indómitos tlaxcaltecas, ofrendarlo a Huitzilopochtli y engrandecer a los suyos con sacrificios de guerreros de altos rangos, valientes, que dieran lucha para seguir viendo al Sol: el mayor de los anhelos. La Piedra del Sol esperaba a sus prisioneros, señal de una victoria divina, además podría aspirar a ser cihuacóatl, consejero del gobernante. Fiel a sus creencias, a sus tradiciones y a su gente, Cuauhtémoc sabía del honor que significaba luchar por el Dador de la Vida y salir triunfante con flores de guerra en las manos: los corazones aún palpitando.

—Marchemos en pos de los guerreros, adentrémonos en la llanura tlaxcalteca para cercarlos —se alentaba y animaba a los que lo seguían.

En esa batalla a librar, la desconfianza no se había asomado en la mirada del aguerrido jovencito, pero en plena lucha con los tlaxcaltecas llegaron órdenes contradictorias a sus oídos, venidas todas de los estrategas más allegados a Moctezuma: matar a diestra y siniestra, no importando si tomaban o no prisioneros para sus téotl.

—El encuentro con los arqueros fue feroz, Ocuilin —me habría de contar mi señor—, las tropas heridas de la Ciudad del Águila eran recogidas por el pueblo, y las armas maltrechas eran cambiadas de inmediato. Moctezuma mandó decir que siguiéramos avanzando, pero no sabe nada de la ayuda que ellos se procuran de todos los macehuales, quienes levantan polvo para cegarnos. Ponen trampas y lanzan piedras. Todos están dispuestos a morir aquí y no en el templo ante los dioses.

Cuauhtémoc pasaba largos momentos absorto en sus pensamientos, sin saber cuál era el siguiente paso a dar, sin estar seguro de seguir sus instintos o las erradas órdenes de su máximo señor. Hacía lo que podía, ya reorganizaba a los arqueros para iniciar la doble marcha en direcciones opuestas sobre la gran ciudad amurallada de piedras, flechas y polvo, ya ordenaba guardar a los guerreros heridos. Cuauhtémoc iba siempre al frente de una parte de los guerreros, dando y gritando órdenes. Como le comunicaron los mensajeros de Moctezuma, formó un núcleo compacto para apresar a las tropas contrarias o darles muerte. Pero ante la polvareda provocada por los macehuales tlaxcaltecas poco pudieron sus ojos ver, y mucho menos apresar un tlaxcaleca. Sus tropas sólo atinaron a lanzar flechas a ciegas y avanzar dando manotazos o golpeando con sus macanas sin ver al enemigo.

Cuauhtémoc se topó con un guerrero tlaxcalteca y quiso golpearlo para tomarlo como prisionero. Pero yo que lo conozco sé que tenía tantos pensamientos en la cabeza que no advirtió al enemigo que venía a su derecha, quien le propinó una pedrada en la mejilla que lo hizo soltar la macana.

—¡Señor! —grité—, ¡señor, está mal herido!

—¡Mátalos! —ha gritado Totocani, enviado cercano de Moctezuma—. Ya no los aprehendas, mátalos.

—Mientras golpeaba con la macana al bravo tlaxcalteca, pensé tantas cosas; esta guerra es tan distinta a las otras. ¿Y los propósitos de una guerra por los dioses, por cortar las flores, corazones latentes, las joyas más preciosas?, ¿únicamente la ambición y el miedo de encontrar enemigos nos mueven a derrotar a un pueblo de tan viejos y respetados guerreros?, ¿la lucha únicamente sirve para el deleite de Moctezuma? —habría de lamentarse en su recuperación tras la pedrada.

—Señor, ese incauto que huyó y lo ha golpeado no importa, ya tenemos a más de diez prisioneros— intenté animarlo.

—He entendido que en esta guerra florida sólo vale acabar con el territorio enemigo de Huexotzingo-Tlaxcala. Así la superioridad del Imperio azteca será mil veces probada ante los hombres. Los territorios vecinos tendrán noticias del triunfo y comenzarán a temer; pueblos como los tarascos y los mayas se rendirán tarde o temprano, y les quedará bien claro a los cholultecas: la leyenda de la omnipotencia azteca es cierta. Sin embargo, matar por matar es todo lo contrario de lo que los venerados sacerdotes me han enseñado en el Calmécac.

La primera cosa que digo, declaro, es que Cuauhtémoc se sentía lleno de impotencia. Descorazonado, junto con más de setecientos guerreros peleaba a las afueras del territorio enemigo, Tlaxcala. A sabiendas de su pleito con los señores de Huexotzingo, mil flechas, flechas de metal atinaban a matar a los que iban al flanco derecho, izquierdo; adelante y atrás seguían cercándolos. La Ciudad del Águila parecía infranqueable. Cuauhtémoc luchaba con toda la fuerza de su juventud. Sin embargo, las ordenanzas implementadas por Moctezuma a la toma de poder en el Año 9 Casa estaban teniendo su consecuencia; eliminar a aquellos guerreros no nacidos entre la nobleza pero que permitía a los mejores estar en la cúspide por sus habilidades militares vomitaba sus funestos resultados mientras avanzaban a la entrada de Tlaxcala. Estos guerreros, hijos todos de pillis o nobles no eran los más aptos ni los mejores: uno tras otro caían, presas de su propio miedo, de la falta de destreza. Los nobles venidos del Calmécac, de estirpes señoriales, no eran tan aptos como los otros. Los macehuales en su reinado eran menos que los teteuctin y los pipiltin, por lo que el honor de luchar a favor de sus pueblos quedaba descartado; ellos estaban fuera de la prestigiada clase militar.

El miedo de Moctezuma había llegado incluso a eliminar a un buen número de oficiales militares y gente de estrategia al ordenar que se matara a cuantos habían servido al Huey Tlatoani Ahuízotl: matar por matar. Cuauhtémoc no lo entendía, pero tampoco sabía que en sueños del actual soberano la traición y la muerte lo atormentaban: monstruos de dos cabezas salidos de los mares lo seguían y destruían su grandeza. Tenía la seguridad de que Tízoc, el Huey Tlatoani que había gobernado por menos de una salida de Sol, había muerto por perfidia cuando él, Moctezuma el menor, apenas alcanzaba los diecinueve años de edad. Por lo tanto, consolidar el poder, ser la cabeza de los pueblos del valle, librarse del mal y quedar bien con sus téotl obligaron al Huey Tlatoani a tomar desventuradas decisiones como esta de enviar a sus hombres, incluido el noble Cuauhtémoc, a conquistar los territorios aún libres y tan a la vista de su silla real, como Tlaxcala.

La segunda cosa que digo, declaro, es que la tierra allá en el bosque y en el valle, y toda la tierra que está en la llanura, digo la verdad, antiguamente era tierra de guerra. Ahí estaba nuestra Casa de la Guerra, ahí hacíamos la vigilancia de la guerra.

Junto al joven Cuauhtémoc, en esa desventurada última guerra florida murieron guerreros de la Triple Alianza: de México-Tenochtitlan, Texcoco y Tlacopan. Pero el tener guerreros no sólo poco diestros sino en su mayoría pequeños, porque pocos habían ido a otras luchas contra Cholula o el territorio que ahora atacaban, tenía consecuencias. Esos luchadores no pasaban de haber visto la luz en el año en que tembló la tierra: Año 10 Casa. La mayoría era de la misma edad que el joven guerrero, poco más o menos del Año 11 Conejo, cuando las estrellas habían caído y el Huey Tlatoani Ahuízotl se llenaba de macehuales que pedían a cambio tributos, protección y cobijo bajo su mandato azteca.

Ese año muchos pueblos se unieron a los aztecas, ya fuera como tributarios o como prisioneros. Pero la suerte era muy distinta a la batalla que libraba ahora su hijo Cuauhtémoc en esos días que trataba de guiar a la indisciplinada horda que conformaban las nuevas tropas.

Al final de esa contienda Cuauhtémoc logró capturar, aun y contra las grandes calamidades, a una gran cantidad de tlaxcaltecas. Y sin consultar a los estrategas de Moctezuma, al ver reducido el número de sus tropas, el joven guerrero dio la orden de abandonar el campo de batalla. Aunque el número de prisioneros fue menor comparado con los tenochcas aprisionados y caídos por Tlaxcala, él, águila caída, podía ya aspirar al rango de señor o tlacatecuhtli por sus hazañas militares. Tenía las mantas hechas jirones y deseos de regresar a casa para esperar la recompensa por tan maltrecha batalla. Así fue como se ocultó el Sol y cayeron las sombras sobre el desolado campo de guerra. La oscuridad impidió la persecución de los vencidos y todos regresaron a Tenochtitlán muy cansados. Ese sería el tan amargo recuerdo de la última batalla florida del joven Cuauhtémoc.

Por su linaje y grado, cuando llegamos, Moctezuma decidió otorgarle el manto o tilma de ricas plumas, distinción que sólo les estaba reservada a los de su rango. Así era ahora, por su valentía y antepasados mi señor era recompensado, se trataba del hijo directo del Huey Tlatoani Ahuízotl.

—¿Ahora que será nombrado gobernador de Tlatelolco podré seguir a su lado como su fiel siempre? —pregunté.

—Ocuilin, te ordeno estar cerca de mí y las tropas, y tus ojos nunca verán la derrota de Cuauhtémoc y su pueblo.

La ceremonia de su investidura duró más de cuarenta días. Primero la horadación de las orejas, bezos y narices. Con huesos de tigres y de águilas, Cuauhutémoc, el águila que cae, ensalzó su juventud y alto rango, portando los joyeles de oro, jade y turquesas en su marcado y moreno cuerpo. Después, con la templanza propia de quien sabe su destino se encerró a puerta trabada por el gran árbol de laurel, alejado del agua y tiznado a fin de rogar a sus téotl la misericordia para alcanzar la humildad y sabiduría que le permitieran tomar el nuevo rango. Tras los cuarenta soles salió a darles regalos de piedras preciosas, plumas, armas y esclavos a sus antiguos señores como muestra de su servicio. Al terminar fue nombrado señor de Tlatelolco, uno de los más importantes barrios de la ciudad azteca.

Tres años duró esa lucha inútil contra Tlaxcala. Tres años en los que Cuauhtémoc no podía complacerse con las noticias que iban y venían, como para deponer las armas, si no existía más propósito que la ambición y la muerte. Los tlaxcaltecas habían sido sometidos. Mientras, la serpiente engastada de plumas preciosas arribaba del mar: Quetzalcóatl. Su rastro ya sólo quedaba en los santuarios de Teotihuacan y Xochicalco y en los sueños de Moctezuma, el joven, o como quiero yo escribir ahora en este idioma extraño: Moctezuma, el menor. Habría de renacer la serpiente emplumada y su llegada nos llenaría de pavor y dolores.

❉ ❉ ❉

Moctezuma envió guerreros por todas partes para estar informado de los movimientos de quienes habían arribado a la costa.

Cuauhtémoc también envió algunos hombres para que siguieran a los teules en su intento por llegar a Tenochtitlan.

—Cuídense de no ser vistos por el capitán Malinche o por su lengua Malinali o Malintzin. Sean cautos, y que sus hombres nos traigan las noticias para estar prevenidos. Que yo no creo que sea el dios Quetzalcóatl ni mucho menos, sino hombre que sangra y quiere algo más que prisioneros y sal. Porten sus mantas más gruesas, para librar las lanzas de los hombres blancos.

—Los españoles pasaron ya por Tlaxcala.

—¿Y cómo los recibieron nuestros naturales enemigos?

—Moctezuma, el máximo señor, debe temer porque vienen para esta casa. El padre del gran guerrero Xicoténcatl, después de una guerra intensa en la que se mató a centenares de ese pueblo sin tomar prisionero alguno, decidió darles la bienvenida a sus tierras, y se unieron contra nosotros. El Concejo de ancianos que seguía a Maxiscatzin decidió poner la paz.

—¡Extranjeros y tlaxcaltecas juntos! ¡Qué desgracias! ¡Se lo advertí a nuestro señor Moctezuma, esos pueblos cobrarían venganza! ¿En dónde andan? ¿Qué hacen? ¿A cuántos nuevos soles están de aquí?

—Señor, los teules se quedaron a reponerse durante un ciclo lunar y después decidieron que no marcharían sobre Huexotxingo, como opinaban los tlaxcaltecas, sino por Cholula. A pesar de los augurios y malas visiones, el jefe Cortés, Malinche, lo decidió así.

Los enviados por Moctezuma ya habían llegado con las noticias contradictorias sobre la negativa del capitán de cuerpo plateado que había arribado a la costa, luego de abandonar los dominios y cercanías de las tierras mexicas y volver por donde habían llegado. Ya sabían que la llamada Malintzin era la lengua de los teules para entenderse con todos, y que venían con sus animales como venados sin cuernos rumbo a Tenochtitlan. Sus casas o cerros en donde los teules habían llegado del mar los habían dejado estupefactos y traían los ojos desorbitados como cuando tomaban brebajes de la mujer. Moctezuma estaba turbado y el señor de Tlatelolco tampoco dormía esperando las noticias de los teules que se dirigían por Cholula hasta Tenochtitlan. Los brujos explicaban lo que veían. Pedían que se sangraran las orejas y la lengua con espinas de maguey para que los rezos tuvieran más fuerza. Las noticias y las descripciones eran irremediables y dejaban llorando a Moctezuma: ellos, en verdad, venían.

Así fueron los días en que vivimos con el corazón esperando, mientras los teules ya habían pasado por Cempoala, donde habían sido recibidos como dioses, y por Tlaxcala, en donde después de una batalla se habían aliado con nuestros más viejos y fieros enemigos.

—Pienso —decía Moctezuma— que al fin se cumplen los presagios de Tonan Tlazoltéotl. Vendrá gente extraña que de tu felicidad te derrocará.

Llegaron los enviados a contar las terribles nuevas de los teules; Cuauhtémoc, otra vez taciturno, escuchó. Todos imaginamos estupefactos las terribles imágenes que el enviado Mazatzin fue relatando como si no pudiera desprender de su nariz el olor a sangre, los gritos de los niños, y le fuera así imposible borrar las imágenes de la muerte que se habían prendido cual garrapatas a sus ojos.

—Unidos están los tlaxcaltecas y los teules, señor. Yo me filtro entre las piedras y pongo las orejas bien abiertas para saber hacia dónde iremos y qué camino han de tomar los que del mar llegaron. Los tlaxcaltecas opinan que la vía para llegar a Tenochtitlan es pasar por Huexotzingo, donde encontrarán más aliados que yendo por Cholula. Pero el Malinche Cortés, el jefe de los blancos, decide irse por el camino de la casa del dios Tláloc en las faldas del Popocatépetl. Y para eso pasarán por Cholula, lugar de Quetzalcóatl. Así que tomamos unos cuantos días de reposo mientras los teules se recuperan y sanan heridas, buscan algunas mujeres que les han obsequiado y alimentan a las bestias que los cargan. Después nos lanzamos sobre el camino, que es largo y penoso, señor, en las noches morimos de frío y por el día el sol nos castiga. Yo, como animal, ando escurridizo por entre las piedras para no perderlos de vista y venir a contarle. Así llegamos hasta Cholula, señor.

A punto de morir el sol está y los cholultecas reciben con grandes trompetas a los teules, con tambores y con flores de delicioso olor. Los sacerdotes traen sus capas de plumas y los nobles bajan la cabeza por cada teul. Malintzin le transmite al Malinche Cortés el mensaje de los cholultecas de que los tlaxcaltecas deben quedarse afuera y que los cholultecas van a hospedarlos, pero sólo a los blancos, los enemigos no pueden ingresar con armas y esclavos. Yo me filtro hasta casa de la buena mujer que es hermana de mi madre, casada con un cholulteca, y ahí me quedo a seguir los pasos de los teules.

—Sin los tlaxcaltecas eran los teules presa fácil —interrumpe Cuauhtémoc.

—Dos lunas y un sol pasan —prosigue, reviviendo, como si estuviera allí, la forma en que sobrevivió el espía Mazatzin—, todo parece en orden en las calles angostas de Cholula. Sobresale, con el fondo del Popocatépetl y el Citlatépetl, la pirámide del dios que no regresó, la serpiente emplumada: Quetzalcóatl. Esperamos el día nuevo en que ya levanten los teules su campamento y salgan en sus animales de cuatro patas rumbo a Tenochtitlan, entonces yo, de pies veloces, estoy listo para correr más rápido que el viento a fin de dar noticias a usted que me envió y así prevenirlo.

Todo en calma al aparecer la primera estrella de la noche. El dios Sol todavía no se va y los rumores empiezan a circular. Pedro de Alvarado y Cristóbal de Olíd —que así se llamaban dos de los más cercanos del capitán Malinche Cortés— ríen y cuchichean sobre las doncellas que pasan. El capitán y ellos descansan después del sahumerio. La comida los tiene saciados y no se dan cuenta de los mexicas que han llegado enviados por Moctezuma. Son embajadores, señor, y miran con gran desconfianza la tranquilidad de aquella tarde, así buscan regar rumores sobre el ataque que preparan los teules. Un puñado tan sólo de mexicas, envalentonando a los cholulas a protegerse del ataque con que pagarían los españoles su hospitalidad, logra atomerizar a la ciudad, cual si fuera fuego. Yo tiemblo, señor, porque de boca en boca llegó a la casa que me alimentaba el rumor de un levantamiento de los cholultecas contra los teules.

—Varios mexicas están a menos de media legua de aquí —me dijo la hermana de mi madre, angustiada.

Así que en cuanto pudimos nos encaminamos a la salida de la ciudad de Cholula y el aire oscuro de las tumbas. Malintzin había conversado con varios de los cholultecas que caminaban en el ocaso y fue corriendo donde el capitán Cortés. Sus jefes escucharon a la india intérprete y pidieron más comida a sus anfitriones. Pero estos, los cholultecas, estaban recelosos y les dieron unos cuantos granos de maíz y nada de sal. Sus animales tenían hambre y también les dieron muy poco para colmarlos. Iracundo, Cortés citó a todo el pueblo, a los papahuaques, a los nobles, a los macehuales, a nosotros, a los pequeños y a sus animalitos en el centro de la plaza, a la sombra del altar de Quetzalcóatl. Rodeando la ciudad los de Cempoala, y los tlaxcaltecas con ojos vigilantes, acecharon los límites de la ciudad. Algunos mexicas dieron la vuelta a Tenochtitlan y los otros también se pusieron cual ojos centelleantes tras las piedras de los santuarios para ver qué cazar. Yo: mezclado, ínfimo entre todos, me resbalo y temo. Los corazones laten más fuertes, el peligro se huele. Los teules se ven inmensos sobre sus animales. Apenas si miramos sus caras cubiertas de pelo. Junto a ellos, junto al capitán Cortés. La Malintzin, nerviosa, traduce las palabras de los suyos, que no son de su mismo color de piel, a los cholultecas. Comienzan las recias palabras a los sacerdotes y a los señores para que se encomienden, dice, a sus falsos ídolos, porque ahí mismo morirían por traición. Así de sonante es el mensaje que de boca de la mujer sale y que asiente Malinche.

No dio tiempo de invocar dioses ni hacer más. En un parpadeo disparó su arma el Malinche Cortés e inició el fuego, y los gritos y las corredizas llenaron el silencio de los templos. Yo me escondí como nahual y quise cerrar los ojos ante el horror de semejante persecución. Pero fui obligado a mantener los ojos bien abiertos por el miedo a ser alcanzado por una de sus armas, o a ser atropellado por uno de sus animales, y así guardé memoria de las tripas saliendo fuera de los cuerpos mientras algunos de nosotros intentábamos vanamente huir.

Algunos cholultecas sacaron armas de sus viviendas y dieron pelea, derribaron a varios y les extirparon los corazones, pero ninguno alcanzó a ofrendar sus hazañas porque de inmediato fueron atravesados por el cuello haciendo rodar sus cabezas sobre la pirámide. La sangre los hace resbalarse y tropiezan con sus propios hijos, que yacen mutilados sobre sus madres, pues también han sido laceradas a muerte. Los sahumerios aún expiran volcando el copal sobre vísceras y desplumadas capas de marlotas teñidas de púrpura.

Los zopilotes bajan su vuelo anunciando la venida del cozcacuauhtli, zopilote sagrado, pero no se atreven del todo a posarse sobre cuerpo alguno porque los blancos siguen acuchillando, percatándose de cualquier exhalación que delate vida en algún cholulteca. La que llaman Marina o Malinztin se ha refugiado cerca de mí, puedo escuchar su entrecortada respiración, pero sus ojos negros como las noches sin estrellas no me miran. No respiro, no lloro, no sudo, los ruidos ensordecedores de las armas de los extranjeros continúan llenando el aire y no veo que salga el lucero de la mañana.

Nos contó Mazatzin cómo duró esa desleal guerra menos de lo que dura una noche. La saña persiguió hasta a los más jóvenes de Cholula. Las pirámides tenían mantos terribles de sangre, que no eran de sacrificios sino de muerte y dolor de quienes no debían caer.

El fuego cubría casas, templos. Aquel templo donde rendían culto a Quetzalcóatl quedó lamentable y la cabeza del dios rodó. Para nosotros así quedó más que comprobado que los teules no eran dioses, y mucho menos Quetzalcóatl. Con sus venados sin cuernos que los llevaron a cuestas atropellaron a viejos y niños. No fue como en las guerras floridas: fue una batalla en donde no se podía escapar de la muerte, ofrendando la vida a la nada y al polvo. Los tambores no sonaron en el corazón. Trajes de plumas manchadas de rojo y destrozadas como pavos para guisado quedaron sobre el piso de la gran Cholula.

—Señor, lo que vieron mis ojos sólo en los peores sueños podría imaginarse —concluyó con lágrimas Mazatzin.

—Entonces, y sólo por no creer lo que mi alma quiere creer, ¿quién les dijo a los cholultecas que prepararan sus armas? ¿Quién los puso en tal peligro? —preguntó más desesperado Cuauhtémoc.

—Fueron órdenes de Moctezuma, señor, para desanimarlos respecto de acercarse a Tenochtitlan.

Cuauhtémoc inhaló profundo y salmodió sus canciones en voz muy baja, el seño fruncido delató lo que realmente pensaba de esa estrategia de Moctezuma y de tan horrible desenlace.

—Mi tía Moyana, quien me había recibido con tanto sigilo en Cholula y quien acababa de unir su tilma al buen guerrero cholulteca, giró con pasos veloces, huyendo de la muerte, para salvar su vientre que cumplía con la multiplicación de los suyos. Buscó el monte que la salvaguardara y no pude cubrirla, oculto yo como me hallaba. La vi caer perseguida por el fuego del arma de un extranjero que la divisó. Su pelo negro, negrísimo, se desató, y sus pies quisieron ser más ágiles, pero su abultado cuerpo le impidió correr como tigre o levantar el vuelo. Ante mis ojos salió un tlaxcalteca y la atravesó con una lanza que ella no logró esquivar, sobre el pecho brotó el dulce líquido rojo y se diluyó con sus lágrimas. El español llegó a su lado y la vio desde arriba, la miró directo a los ojos y no dijo nada, fuego salió de sus manos, que le estallaron las entrañas, obligándola, al fin, a cerrar sus ojos. Ahogué, señor, con una mordida a mi mano, el dolor que me embargó y sólo pensé en venir a contarle esto para que no se olvide a los pequeños que murieron entre los santuarios de Cholula, a las faldas de Citlatépetl y con la venida del primer lucero del alba. Así escuchamos la más horrible de las batallas y pusimos a temblar cada miembro de nuestro cuerpo. Los próximos en ser visitados por los que habían exterminado Cholula, según Mazatzin, éramos nosotros. Sólo habíamos visto tanta sangre el día que el Huey Tlatoani Ahuízotl, el padre de Cuauhtémoc, ofrendó en el nuevo Templo Mayor a los prisioneros. Pero esta vez fue distinto, con ráfagas de fuego habían matado en un solo momento a tantos de los cholultecas que parecía imposible hacerles frente a esas aves de lumbre. Las armas que nos cuentan eran como arcos que explotaban dentro de los cuerpos. Hombres, mujeres y niños tirados con el corazón y los huesos expuestos.

—Sigue, sigue, que ese no puede ser nuestro destino —pidió Cuauhtémoc—. ¿Y los tlaxcaltecas? —preguntó con el rostro sudoroso el señor de Tlatelolco. Todos los que estábamos con él llorábamos en silencio. Sin querer interrumpir el aire de lo que nos contaban.

—Por supuesto aprovecharon el poder de los teules, los siguieron y ayudaron en la funesta batalla. Parecían igual, poseídos por los malos espíritus. Sabían que los teules no eran los hijos del Sol y que podían pelear igual en la noche que al poco tiempo de que amaneciera.

Cuauhtémoc se levantó de su silla y se dirigió al altar. Se retiró en absoluta soledad a visionar cuál sería su futuro, un porvenir tantas veces vituperado por los signos de mal augurio, como la estrella de tres colas o los perros que hablaban que el hijo de Ahuízotl pidió a todos los dioses sabiduría para defender a su pueblo de la ignominia.

Supimos también que Moctezuma había escuchado historias similares y que nada le daba ya sosiego. Sus embajadores habían regresado donde los teules para pedir perdón por la posible afrenta en Cholula y darles la bienvenida a Tenochtitlan. Dos días fueron manda obligatoria para todos, de ayuno y rezos ofrecidos al que ustedes llaman Huichilobos, dios de la guerra.

—¡Hombres y mujeres! Las escenas de muerte y destrucción han llegado a nuestros oídos, que no lleguen a los ojos. Atraviesen la lengua y las orejas con espinas de maguey y ofrenden sangre a los dioses que están molestos. Ha bajado el cozcachuahtli, con su plumaje negro, para narrarnos las escenas de muerte y destrucción que han sufrido los parientes de Cholula. Sacrificio, señores todos, sacrificio. No harten a las culebras y serpientes para que reciban hambrientas a los que vienen del Sol —ordenó Moctezuma a su pueblo.

Quienes vivían bajo el manto de Tenochtitlan, cada uno de los cercanos y los de más allá escucharon con pavor las terribles maldiciones que fueron vistas en Cholula. Los presagios se cumplían y los rumores sobre la divinidad, o no, de los teules, fue durante días la conversación obligada. Detenidos estaban los juegos de pelota, las apuestas y las fiestas, todos aguardando los funestos tiempos que se decía arribarían de donde sale el Sol, en la casa de Tláloc, allá por entre el Popocatépetl y el Citlatépetl.

III

8 Viento, Año 1 Caña

Serán nombrados los conocedores, los entendidos, los sabios, para que sean procuradores de los maceualli y de los huérfanos. Será sombra la tierra y serán sombras las flores. Esto es lo que ocurrió y ahora yo digo: todo había sido preparado para ese día con esmero. Lo mismo los principales señores que los vendedores del mercado, las mujeres que llenaban la calzada y los niños que al desconocer la causa de la expectativa igual reían con timidez: todos allí querían mirar al fin a Quetzalcóatl cuando entrase a Tenochtitlan.

Debo decir más bien casi todos. No la mayoría de los sacerdotes del gran templo que llevaban meses convenciendo a Moctezuma de que se trataba de un impostor, mortal como ellos: un hombre sin refinamientos para la palabra, sin consideración alguna para los dioses. Un mortal que, además, era capaz de asesinar a mansalva sin consideraciones, como había ocurrido en Cholula. Un extranjero, simplemente, que se había aliado con los enemigos naturales de los miembros de la Triple Alianza sólo para derrotarlos a traición.

En vano le repetían al Huey Tlatoani que no había semejanza, que no había en las costumbres de Malinche y sus soldados nada sagrado. Y la mujer que los acompañaba, la lengua Malinali, aún peor.

Conforme se acercaba el día, en cambio, Moctezuma se iba tornando taciturno, huidizo. Se encerraba con sus adivinadores a veces sin probar bocado en un día entero. Había traído hechiceros y sacerdotes, expertos en leer los astros, la arena, los caracoles, las plantas, los animales. El más mínimo gesto de la naturaleza era presagio, augurio, signo de que el porvenir había dejado de existir, que habíamos entrado a un largo rato cubierto sólo de días funestos, que marcaría el final del Sol de movimiento, el quinto, Nahui Ollin.

Después de la matanza en Cholula hubo algunos, como mi señor Cuauhtémoc, o como Cacama, que preferían acabar de una buena vez con los teules, emboscarlos en el camino mientras se acercaban a Teochtitlan.

—Es mejor perecer por defendernos, así sea pronto, que morir lentamente la muerte de los cobardes.

Moctezuma, en lugar de esto, envió nuevos embajadores a Cortés, les ofreció oro, ropa, animales, y les mando decir:

—Nuestro señor te envía estos presentes, suplica los recibas en muestra del respeto que te tiene, así como a tus hermanos; y que pese al enojo grande que te dieron los de Cholula, por lo cual quisieras castigarlo más en sus personas malas y mentirosas, puedes venir a nuestra ciudad cuando quieras, aunque no podremos darte de comer como mereces.

El paso se abría, franco, hasta Tenochtitlan.

Como tantas otras veces, por debajo de esas palabras, los embajadores ocultaban otras ideas que incubaban en la mente de nosotros: matar a los extranjeros, no dejarlos llegar nunca. Y sus espías se lo dijeron a Malinche, pero él no detuvo su marcha, muy por el contrario, siguió avanzando hasta Ixtapalapa por en medio de los enormes volcanes.

Los teules han dejado escrito cómo los maravilló la ciudad. Yo que soy longevo, he leído sus palabras: las de algunos soldados y las del propio Malinche, tan llenas de mentiras. Sin embargo, no puedo reprocharles nada de cómo cuentan su asombro apenas bajaban de las sierras y contemplaban la enorme ciudad: el lago, las flores y las casas, los colores: las tonalidades del verde. El azul de cielo, el brillo de las aguas: el esplendor de la gran Tenochtitlan, nuestra casa.

Una embajada más suntuosa de doce señores, con Cacama, señor de Texcoco, a la cabeza, lo alcanzó en Chalco. El gran chichimeca pariente del poeta Netzahualcóyotl iba en andas, y más de treinta macehuales le limpiaron el camino.

Así habló Cacama:

—Disculpa, Malinche, que el Tlacatecuhtli no salga a recibirte, pero muchos son los trabajos para ciudar de su pueblo. Te envía estos presentes y te ruega, si es posible, que desvíes tu camino y no llegues a Tenochtitlan. Allí padecerán tú y los tuyos mucho trabajo y necesidad. Mucha vergüenza y tristeza le da no poder proveerte como él desea.

El capitán Cortés no respondió con palabras lo que la mujer lengua le tradujo del discurso de Cacama, así de zalamero sólo en apariencia, él mismo había planeado emboscar a los teules sin recibir el beneplácito de Moctezuma. Cortés lo abrazó con mucha cortesía y dio la orden de seguir adelante.

Un hermano de Moctezuma, señor de esas tierras que lo recibían, las de Ixtapalapa, Cuitláhuac, salió más adelante a recibir a Cortés. Ante la negativa de retirarse le dijo muy claro que no fuera a Tenochtitlan, que allí no habría ni la comida ni las comodidades que su gente merecía. Le recomendaba que siguiera su viaje. Oídos sordos a la velada recomendación de aquel principal que decía entre dientes: ¡vas a morir ofrendado a Huitzilopochtli!

A Cuitláhuac lo acompañaban otros principales, como el señor de Coyoacán. Todo fue en vano. En Tenochtitlan, la gente, a gritos y llantos, suspiraba muy hondo, y así se lamentaba:

—¡Déjenlos entrar, no podemos hacer nada para impedirlo! Y ya pronto moriremos, pronto nos aniquilarán, pronto veremos la muerte.

Las pobres madres se saludaban llorando también y hacían que sus hijos llorasen a su vez mientras les decían compasivas:

—Es tiempo de desgracias, niños míos. ¿Cómo soportar lo que ha venido a caer encima de nosotros, lo que se nos prepara?

Y en casa de piedras finas, en casa de ricas plumas, Moctezuma recibía también con gran tristeza la noticia de que Malinche seguía firme en su decisión de llegar a la ciudad.

Al fin ocurrió esa mañana del mes Quecholli, el día Ocho Viento de ese año funesto 1 Casa: la ciudad se ocultó tras un espeso manto de niebla, como debía ser para no mostrarse plena ante el invasor. Hacía frío y el viento soplaba con inclemencia. Se escuchaba el agua que salpicaba golpeada por los remos de las piraguas, pero no se veía a los hombres que, incautos, así viajaban por los canales y entre las chinampas, mientras llevaban mercancías como si se tratase aún de un día normal. Nunca habría nada normal desde entonces para nosotros. Postrado ante lo inevitable, el Huey Tlatoani dispuso la bienvenida. Todo había sido preparado con esmero, ya lo he dicho. Esa mañana, desde muy temprano, los principales llegaron a la casa de finas piedras, citados por Moctezuma para recibir a Malinche. Ricas ropas, hermosos colores, enormes plumas, decenas de sirvientes. Las calzadas parecían cazos de chapulines que hervían con la cantidad de personas, en su mayoría simples curiosos, que esperaban ver de cerca al gran señor que habla, no en una ceremonia del Templo Mayor.

Ancha como de dos lanzas, la calzada de Ixtapalapa por la que la primera embajada de Moctezuma habría de encontrarse con Malinche. La presidía el Cihuacóatl, como era costumbre. Muchos grandes señores y sus ejércitos y familias los acompañaban en ese trance, y con ellos caminaban mientras se alejaban de las casas y los jardines. Había que llegar un poco más allá del fuerte de Xolo. Allí aguardarían a los señores del humo y el rayo para obsequiarles flores y postrarse ante la tierra y besarla, mientras la tocaban con sus dedos. Esa tierra que pronto dejaría de ser nuestra.

La gente en las calzadas gritaba ante la comitiva y salía y reía emocionada, sin saber nada. Una piragua más rápida que los pasos de los hombres llegó hasta la orilla para decir en voz muy alta:

—¡Ya vienen los teules!

A su cabeza, sobre un gran ciervo sin cuernos, Malinche, con otros más también montados en sus animales. A pie los escoltaban Cacama y Cuitláhuac, valerosos en la guerra y sumisos aún ante Moctezuma. Y los perros de los españoles, jadeando con su larga lengua de fuego, escupían espuma por la boca y soplaban y ladraban con fuerza. Una sucia bandera flotaba en círculos encima de la cabeza de uno de los teules que así la agitaba. Después venía el ejército de a pie español, no vestido de tela sino de metal, y los tlaxcaltecas, malditos siempre, con ellos. Flechas y ballestas, armas de humo y fuego se confunden entre ese enorme contingente que en la retaguardia trae a los más fieros enemigos de nosotros, los de Huexotzingo. Gente que vive más allá de las montañas y antes nos temía. ¡Cuántos de nosotros no habíamos visto nunca cosa igual, ni sus espadas ni sus escopetas ni sus cañones que sólo por diversión o para atemorizarnos hacen estallar de vez en cuando en medio de un ruido que nos deja sordos y nos mueve al llanto, como si el cielo tronara lleno de enojo! El Malinche es su tlacatécatl: él manda a sus guerreros que ahora lo escoltan y protegen.

El Malinche, cubierto de metal, habla y ordena y se quita el casco de su cabeza y baja del caballo, que entonces sólo llamamos ciervo, para descansar. Es imposible saber su edad o de dónde viene. Hijo del Sol, dirán unos. Hijo de la Nada y de la Muerte, escribirán otros. Bravo, protegido muchas veces por su dios atado a la cruz, eso lo sabremos en los siguientes años: una y otra vez saldría casi ileso de las batallas. Una y otra vez nos era arrebatado antes de poder darle muerte. Esa mañana, sin embargo, era el tlacatécatl de los teules solamente y muchos no entendían, entre ellos Cuauhtémoc, cómo era que el Huey Tlatoani se rebajaba a salir a recibirlo. Allí está Cortés con sus soldados y también con sus propios principales. Blancos como la cal de los caminos, llenos de barbas y largos cabellos color de ceniza. Allí vienen, tiesos y erectos, con sus ojos duros que nos miran.

¡Cómo nos miran y cómo nos entristecen esa mirada y esos ruidos!

La mañana disipa la niebla y el Sol descubre las cosas, las pinta con sus vivos colores. Entonces, sólo entonces, sale de su casa Moctezuma el menor y se encamina hacia el encuentro. Se ha encomendado a sus dioses, ha dispuesto las cosas y hablado con los suyos en voz muy baja como si no quisiera que lo escuchasen.

Lo llevan cargando en andas sus mejores hombres. Cientos más se adelantan y barren las calles para que su cortejo no pise el polvo sucio del camino. Los sacerdotes del templo de Huitzilopochtli lo acompañan también. Nadie osa mirarlo de frente, se inclinan hasta besar la tierra a su paso. Una lenta profecía se cumplía ante esa enorme y suntuosa y solemne comitiva de muertos vivos a la que rodea un grupo grande de criados con jícaras de guaje, pintadas y llenas de flores de magnolia, de flores amarillas de tabaco, de flores llenas de perfume y olorosas aguas y esteras doradas. Cuitláhuac, hermano del Huey Tlatoani, y Cacama, se han alejado de los teules para dar alcance a su señor Moctezuma y acompañarlo hasta donde está Malinche. Han de cambiarse las ropas por otras más ricas, los mantos verdes y los tocados de plumas de quetzal. Ninguno rivaliza con el del gran señor de los hombres.

Ambas comitivas se miran la una a la otra y aminoran el paso. Lentos se miran y escrutan, y se asombran ante el grupo de gentes tan distintas.

Al fin llega lo que todos esperan. Las andas de Moctezuma y el enorme ciervo de Cortés frente a frente.

¿Qué miran los teules? No lo sabemos entonces pero ahora yo diría que miran oro y riquezas y el fasto del poder. Un simple soldado frente al soberano de los hombres. La codicia, la ambición —ese apetito que nunca se sacia, como la gula que es su hermana—. Y Moctezuma, ¿qué es lo que ve el tlatoani sino la profecía, el augurio que se cumple?

Se hace el silencio. Un silencio de hierro o de hielo. Un silencio que puede sentirse, hasta tocarse con la yema de los dedos. Sucio por el camino y la tierra, Malinche baja solo del caballo. Son muchos los que ayudan a apearse a Moctezuma. Dos pares de ojos que se estudian como se miran dos animales que se acechan antes del final combate a muerte.

Cortés extiende sus brazos cuando se encuentra frente al Tlacahtecutli. Cuitláhuac impide el abrazo; explica a Marina, la mujer lengua, que nadie puede tocar a Moctezuma.

—No corre por su cuerpo el licor divino de los padres y abuelos del señor tlatoani.

Malinche se hizo traducir también al preguntarle, de frente:

—¿Acaso eres tú? ¿Eres tú, acaso, Moctezuma?

—Sí, yo soy Moctezuma Xocoyotzin.

Marina, que ahora saludaba con sus manos como un teule, quiso tocar al Huey Tlatoani que no la miró.

Mal collar de falsas piedras. Collar de vidrio simple y blanco y sin brillo dio Cortés a Cacama para que se lo entregase a Moctezuma. Los nuestros pusieron en el cuello de Malinche, en cambio, un hermoso collar de camarones de oro y caracoles de coral labrados y preciosos.

Así habló el señor de los hombres:

—Señor Malinche, con pena, con grandes fastidios has llegado hasta México, a nuestra casa. Llegas a sentarte sobre tu estera, a tu silla. Yo sólo he podido guardar un pequeño tiempo para ti. Se fueron ya tus súbditos de este mundo. Ixcóatl, el viejo Moctezuma, Axayácatl, Tizco, Ahuízotl, que sólo la guardaron un tiempo pequeño para ti y antes de mí aquí gobernaron. ¡Ojalá alguno de ellos viese lo que yo veo ahora, lo que se viene encima de mí! ¡Yo estaba afligido por cinco o diez series de días cuando miraba la tierra que desconozco, de donde tú vienes: de las nubes, de las nieblas! Esto nos han dicho mis antepasados Huey Tlatoanis, que tú regresarías, que vendrías a sentarte sobre tu estera, en tu silla. ¡Con cuántas penas y fastidios has logrado ahora estar aquí, y ser aceptado! ¡Ve a tu palacio, que descanse tu cuerpo!

¿Qué habrá dicho Malinali, la lengua? ¿Qué habrá entendido Malinche, el invasor? Tal vez nada. Tal vez, como tantas veces después, las palabras de Moctezuma el menor fueron sólo silencio en medio del viento de ese día del mes Quecholli del Año 1 Casa.

Nadie más habló allí después.

Luego Moctezuma ordenó a los señores de Tlacopan y de Coyoacán que se quedaran con los teules y los acompañaran hasta la antigua casa de Axayácatl ofrecida como morada.

Las largas compañías de hombres y principales, y sus siervos y sus ejércitos, que habrán sido miles, se retiraron con el señor de los hombres dejando a los teules y sus huestes de traidores casi solos para que entrasen al fin a la ciudad nuestra y la mancillasen así con sus pasos y sus animales bravos y sucios y otra vez bravos.

Segundo Amoxtli

IV

Año 2 Pedernal

Los meses anteriores no habían estado exentos de crueldad. Cortés, después de ser recibido por el tlacahtecuhtli, se instaló en la antigua casa que ustedes llaman palacio de Axayácatl. Una vez que los tlaxcaltecas y los huexotzincas y los caballos estuvieron acomodados, se dirigió a él y, gracias a las lenguas de Malintzin y de Aguilar, otro soldado teul que hablaba nuestro idioma, Moctezuma le mostró a Malinche su estrado y lo hizo sentarse prodigándole obsequios: más de cinco mil piezas de ropa y oro, dicen los que allí estuvieron, e incluso así lo escriben sin timidez ustedes mismos en sus crónicas y cartas al rey de Castilla.

❂ ❂ ❂

Nunca antes se sintió tanto miedo en la gran ciudad: así como si hubiera un jaguar suelto, como si fuese noche muy oscura. Nadie salía de sus casas. Los grandes señores regresaron a sus palacios, con sus gentes. Cacama a Texcoco; Cuitláhuac con más prisa a Ixtapalapa; el señor de Tlacopan se encerró en su pueblo a piedra y lodo y Cuauhtémoc se quedó en Tlatelolco, escuchando los rumores que pronto se hicieron realidad. Ideó entonces un sistema de espías dentro del palacio de Axayácatl, morada del Malinche Cortés, que alimentó su información, pero también sus rencores.

El gran Moctezuma había sido apresado, sin dejarlo salir ya nunca del lugar; el preciado nieto del colibrí era así maniatado, alejado del aire y de los cielos, sus elementos más queridos. Pobres de nosotros, sus hijos, se decía en el mercado y en las calles. Mi señor, ya desde entonces para siempre solo, fue alimentando la enfermedad más grande que corroe a un hombre: la venganza.

La presentación majestuosa entre Moctezuma y Cortés había quedado como un mal sueño. Los regalos intercambiados, muestra de amistad por parte de los mexicas, habían sido una burla. Los españoles ahora vivían en toda su persona dentro de los palacios de Tenochtiltan y disfrutaban los días con el esplendor. Comían miel, maíz y guajolotes y querían tomar por esposas a varias de las mujeres nobles que ahí servían. Moctezuma les había ofrecido descanso después de la fatiga del viaje y las luchas. Y bajo pena de muerte había amenazado a sus mayordomos para que no desatendieran a sus invitados.

—¡Si los extranjeros se ablandaran con dádivas y si bastara cargarse del codiciado metal para volverlos a sus naves! —se escuchaba lamentarse al señor Moctezuma, pero el Malinche ya no tenía naves, las había quemado para jurarse no regresar jamás, y apresó al señor para tener al pueblo mexica bajo su control. Eso era sabido por nosotros, que por miedo a la fatalidad nuestro señor recibía a los blancos con la veneración de los dioses. En el palacio de Tlatelolco Cuauhtémoc buscaba con ansiedad noticias de cualquier índole, no comía mucho, más que un poco de huauhtli con miel y algunos frutos. Su ayuno era constante y sus pensamientos no cesaban.

—Ocuilin, ya llegó el enviado al palacio de Moctezuma, ¿qué ha pasado? —me preguntaba a cada momento Cuauhtémoc.

—Aquí está, señor, y ha de gozar usted con tal información: Moctezuma está preso en su propio palacio. Los teules, sus invitados, lo tomaron prisionero para amordazar al pueblo —contesté en una de esas ocasiones.

Llegó el espía enviado por el señor de Tlatelolco, casi sin aire y a punto de vomitar por la carrera emprendida.

—¿Por qué apresaron a Moctezuma? —preguntó el señor Cuauhtémoc a Macuilli, el enviado.

—Porque se negó a aceptar al señor Cortés, al extranjero, como su habitante, y no sólo como su huésped, señor. El capitán blanco le dijo que estaban a gusto y que querían vivir allí. El señor Moctezuma se molestó y le dijo que ningún tlatoani lo había hecho jamás. Contestó con aire entrecortado.

—¿Cómo, cómo después de la masacre de Cholula, cuando sólo el polvo acompaña a esa gente de lanzas de metal, Moctezuma los recibe como si en verdad fueran dioses? Y los obsequia. Y el pueblo, ¿cómo está el pueblo? Pobres, su rey los regala con los extranjeros. Esa acción no es un designio de Huitzilopochtli —afirmó Cuauhtémoc.

—Asustados están todos, señor. Pero creen que el señor Moctezuma, desde su cautiverio planeará cómo combatir a los teules. Las mujeres lloran y plañen por las noches. Los niños ven a sus padres asustados y los pocos que salen se saludan por las calles con susurros y arrugas en los cuellos por traer la cabeza baja. Los padres se lamentan por sus hijos y piensan en lo que les podrá suceder, mientras se acarician los cabellos. El señor Moctezuma sale de vez en vez para tratar de calmarlos y decirles que está allí por su propia voluntad. Pero a las claras se ve que está vigilado y no puede volar.

Malinche aprovechó la buena voluntad de Moctezuma y quiso castigar a los que en la costa, por Nautla, se rebelaron contra los extranjeros decapitando a uno de ellos; su cabeza, contaron, anduvo por todos los pueblos para demostrar que los teules no eran dioses, y el Cuauhpopoca comenzó a pedir el tributo de Moctezuma alertando a toda su gente de no servir más a los blancos.

—Señor, con el beneplácito de Moctezuma, los teules trajeron desde Nautla al señor Cuauhpopoca, y tres de sus hombres, amparados por el sello de jade del propio señor de Tenochtitlan. Están presos y se dice en los mercados, pronto se les dará muerte enfrente de todo Tenochtitlan como escarmiento.

Cuauhtémoc, con prisa, dejó su casa de Tlatelolco y salió rumbo a Tenochtitlan, conmigo, volando casi, para ver, mezclado entre el pueblo, la escena más triste que hasta entonces sus propios ojos pudieran mirar: el viejo Tlacaxipehualiztli, Cohuatl, Cuauhpopoca,

Quihahuitl y otros totonacas habían sido acusados de rebelión contra los extranjeros en las costas y fueron traídos desde allá y puestos en la hoguera ante las miradas de los mexicanos, que entre lágrimas vieron a través de las llamas las más terribles imágenes de su futuro. Cuauhtémoc no pudo soportarlo, y sin ser percibido se desvaneció entre la muchedumbre para regresar a Tlatelolco. Yo, como siempre, invisible cual su sombra, lo seguí, haciendo las veces de tameme o simple compañía.

—Moctezuma no es astuto, seguirá llorando las apariciones que se hicieron realidad ante sus ojos. Debemos movernos nosotros. Cuitláhuac y el señor Ixtlixóchitl me apoyarán para tomar partido. Permitirles entrar a los extranjeros fue un error de guerra, un error fatal ordenar bajo pena de muerte a los señores, a los jefes, que vieran, que se encargaran de lo que los españoles necesitaran. Les otorgó más tamemes de los que venían con ellos, y mayordomos a su cuidado —decía con fuerza Cuauhtémoc a uno de sus espías enviados para vigilar a Moctezuma. La figura del señor Cuauhtémoc refulgía más con la cabellera suelta. Sólo una diadema de cuero rojo impedía que el pelo hirsuto y grueso cayera sobre su rostro. Un mechón de cabellos tapaba la sien izquierda.

—Nuestros dioses ya no escuchan, debemos tomarlo todo en las manos. Debo ir donde Cuitláhuac. Actuar rápido, Ocuilin. Siguen mis espías los pasos de Moctezuma y los teules, ¿cierto? Diles que no se les despeguen, que sean su pensamiento —la rabia encendía los ojos negros de Cuauhtémoc, como los del águila a punto de engarzar un roedor escurridizo. Esos señores no debieron ser quemados aun cuando juraban haber recibido órdenes de Moctezuma: el único que gobierna sobre lo que alcanzan a ver los ojos.

Los enviados a seguir al señor de Tenochtitlan escuchaban y nos transmitían sus llantos y rezos. Seguían sus pensamientos y sus palabras, cada movimiento del señor de los señores de la Triple Alianza, aquel al que todo le pertenecía, y el que todo destino disponía. Se encontraba sin poder salir del palacio de Axayácatl, la casa que fuera ofrecida a Cortés para hospedarlo; el palacio otrora de su padre, ahora era su propia cárcel. Moctezuma aún confiaba en su pueblo, en su extensísimo territorio. Confiaba en las tierras que él había acogido a cambio de tributos para salvaguardar el Imperio azteca, pero la verdad era distinta, su pueblo esperaba rebeliones contra los que usurpaban sus lugares.

Contaron los enviados que en su cautiverio, el rey de los tenochcas, cuando estaba de mejor humor, jugaba con los teules que lo vigilaban. Cuando lo dejaban más solo se lamentaba:

—¿Qué nos va a suceder? ¿Quién quedará en pie? ¡Ay! Antes de este momento, yo existía. Fue herido mi corazón, es como si estuviera sumergido en agua de chile y experimentara una fuerte quemadura, ¡me punza! ¿En dónde está pues la verdad, ¡oh!, nuestro señor?

—escuchaban decir a Moctezuma una y otra vez.

La resignación fue llegando con las horas a Moctezuma; volcado sobre sí, las fuerzas lo iban debilitando, haciéndolo más pequeño.

Después vinieron por él unos enviados de Malinche y agarraron a Moctezuma por brazos, cintura y espalda, como si quisieran cargarlo y que caminara a la velocidad de sus pies extranjeros. Iban muchos teules a cada flanco, custodiándolo. Los españoles lo sacaron de su prisión para que les mostrara la ciudad, y sobre todo: les dijera dónde encontrar los anhelados tesoros. Querían oro, y lo fueron arrancando de las armas, de los escudos, de los cuernos con los que horadan las narices. ¡Ya no sabían en dónde buscar! Desdeñaron, en su desesperación, plumas de quetzal de las armaduras y destejieron hilos de las esteras mientras Moctezuma, inmovilizado, observaba el despojo del Teocalco.

La avaricia cansa y, después de llenarse las bolsas de metales, dejaron al soberano Moctezuma de nuevo en su cárcel. Los enemigos del soberano tenochca eran muchos y el rencor de sus compinches que se había acumulado por muchos años de humillaciones, y las muchas penas que les impusimos, se acrecentó con esos actos de rapacidad que él tan pasivamente dejó que sucedieran.

—Señor Cuauhtémoc, traigo noticias: ya no está preso únicamente el soberano Moctezuma. Los señores de Texcoco, Cacama y

Cuitláhuac, intentaron liberar a Moctezuma. Juntaron guerreros para acompañarlos hasta el recinto sagrado y los macehuales ayudaron removiendo los puentes de las calzadas para cortarles a los teules posibilidades de huida. Pero fueron traicionados por el señor Ixtlixóchitl, hermano menor de Cacama, que se adelantó y los entregó a Malinche —le expliqué lo mejor que pude a mi señor.

—Ya lo sabía, Ocuilin. Ixtlixóchitl codicia de siempre el señorío de Texcoco, era previsible que en cuanto le llegaran las noticias que yo le envié sobre los planes que tenía su hermano de salvar al tan lacerado Moctezuma, tomaría la revancha. ¿Cómo pude no decir nada? Tampoco me asombra la cobardía de nuestro soberano, pero es demasiado para el pueblo —me contestó.

—Cuitláhuac y el señor Cacama fueron apresados por los guerreros de Ixtlixóchitl y entregados a cambio de la promesa de Malinche de ser soberano. Y ahora se encuentran encarcelados en el mismo palacio que Moctezuma con grillos en los pies, sin poder correr, señor.

—Tienen los teules a los tlaxcaltecas y a los totonacas. Y nuestros señores como esclavos y no como gobernantes. El suelo con sangre, los dioses decapitados y las calles usurpadas por gente que no viene de los templos —gritó Cuauhtémoc—. ¿Qué palabras ha dicho Moctezuma sobre la infamia a los prisioneros y los quemados? ¿Qué explica sobre la ignominia a su pueblo? ¿Sobre la falta a sus dioses y a su designio como soberano? —pidió explicación Cuauhtémoc al viento.

—Que la prisión de los mancebos Cacama y Cuitláhuac ha sido por voluntad del señor que había partido hace tanto y después ha vuelto, de Quetzalcóatl, siendo su reino el que lo esperaba. Todo con la voz débil y los ojos rojos de llanto, señor —contesté.

Cuauhtémoc, con el puño cerrado, golpeó un muro de tierra de su palacio y sangró su mano.

—Además, señor, la más sombría de las acciones ha permitido nuestro señor Moctezuma, pues en un rincón de la pirámide, permitió a los extranjeros que levantaran un altar a sus dioses, una enorme cruz de madera donde celebraron sus ritos, señor, sus ritos sobre nuestros dioses; los teules rezaron e impartieron, sobre los que allí estuvimos como curiosos, su propia bendición —le dije angustiado a mi señor.

—Se acerca el mes Tóxcatl, Ocuilin, el día de la fiesta en la que los guerreros bailarán en la plaza del Templo Mayor. El lujo y la majestuosidad de la fiesta deslumbrará a los ambiciosos teules, perplejos quedarán al final de la danza en honor de nuestro dios Huitzilopochtli, y cuando termine la ceremonia podemos armar a los guerreros y atacar a los teules: no queda otra salida para reivindicar el honor. El dios Tezcatlipoca, señor de la noche y de la guerra, nos dará su beneplácito. Los teules no son dioses, son hombres, y como tales pueden ser vencidos —pensaba en voz alta mi Cuauhtémoc. Y luego siguió su soliloquio—: Ocuilin, llama a mis guerreros, yo me quedaré en Tlatelolco para la ceremonia y después de honrar a los dioses partiré hacia Tenochtitlan —continuó.

—Ha llegado otro de sus mensajeros de Tenochtitlan, ¿lo hago pasar? —le pregunté apenas interrumpiendo.

—Señor Cuauhtémoc, Malinche se fue a la costa con casi todos sus hombres. Sólo quedaron algunos cuidando al señor Moctezuma —le dijo con un aliento el espía Macuilli.

—Los dioses nos son propicios, nos darán la victoria —sonrió Cuauhtémoc.

❀ ❀ ❀

Los extranjeros, con Malinche Cortés, salieron al frente de Tenochtitlan rumbo a las costas, a recibir otros hombres blancos. En el pueblo especulábamos si eran enemigos de Malinche, si se lo llevarían de regreso a sus tierras y por fin nos librarían a los mexicanos del yugo de servirles de comer, así como si dejarían de buscar el oro hasta por debajo de las piedras. El día que partieron, incluso, los teules que se quedaron entre nosotros parecían estar felices al adivinar a qué partía su capitán, y que decidiera dejarlos allí al cuidado de Moctezuma y su pueblo.

Mientras, en sus días de languidez en el corazón de la isla, a Moctezuma le llegaron las mismas noticias que a nosotros sobre las diecinueve casas flotantes con más hombres blancos de oriente que habían llegado a las costas; le informaron que Cortés tuvo que partir y encomendar la causa de Tenochtitlan a su capitán: Pedro de Alvarado, o Tonatiuh, como le decíamos por sus cabellos del mismo color que el Sol. Tonatiuh, mientras vigilaba a su real prisionero, le decía que los hombres del gobernador Velázquez eran muchos y estaba seguro que venían contra Cortés para quedarse con la gloria de la conquista, que ya les pertenecía a los que allí aguardaban, y comenzó a tramar con sus hombres qué hacer antes de que regresara su capitán y los que habían arribado.

Por nuestra parte, preparamos la fiesta; el joven divino, el mancebo sin tacha, listo a morir por Tezcatlipoca engullía el último banquete de carne de venado, puré de zapote y chocolate. Durante un año, este joven escogido entre los mejores, era una deidad alimentada con lo más selecto de la comarca. El joven Tezcatlipoca era designado entre muchos para representar al dios del espejo negro, y su cualidad era tañer la flauta y cantar y bailar. Además tenía a su merced a algunas doncellas con quienes cohabitar: diosas de las flores, del maíz y de la sal. En la fiesta del Templo Mayor, el joven divino se le sacrificaría como máximo regalo al dios. Era el día veinte del mes Tóxcatl, y el real mancebo subía cada uno de los escalones rompiendo las trescientas sesenta y cinco flautas que tañó durante su preparación para llegar allí a dejar su propio corazón. La emoción nos calaba y el corazón de alegría salía de todos nuestros pechos que no suponían nada negro en un día de tanto sol.

Al mismo tiempo, todos los guerreros y principales de la región al mando de Cuauhtémoc, y sus más cercanos, se hallaban inmersos en la planeación del ataque tras la danza a Huitzilopochtli. Rodelas, lanzas y armas aguardaban en el Calmécac para arremeter contra los pocos teules que quedaban en Tenochtitlan al mando del Tonatiuh.

Mi señor estaba nervioso, pero todo lo que planeaba lo hacía sereno y con pausa, como si tomara aire de vez en vez. Las cosas se hacían con extrema cautela. Mi señor Cuauhtémoc se había cuidado de informar sólo a los más suyos. Así que la fiesta tenía el permiso de Alvarado, Tonatiuh, para ser ejecutada, y ya todo marcharía como había sido acordado:

—Sin armas y sin sacrificios, sólo bailes y canto —exigió Tonatiuh, sin conocer nuestras fiestas. Asintieron los sacerdotes que pensaban preparar una sorpresa final, sin saber que serían ellos mismos y no nosotros los sorprendidos.

Asintieron sin tomarlo en serio, porque otros eran nuestros planes, y nada de la fiesta se cambiaba por un blanco que ni idea tenía de lo que significaba ofrendar un corazón al dios Tezcatlipoca.

En el recinto sagrado, el ansia carcomía nuestros miembros y tratamos de estar bien alertas por cualquier señal.

Lo primero que percibimos mal fue lo que observé y que de inmediato comuniqué a mi Cuauhtémoc: en cada puerta del muro de serpientes que rodeaba el recinto de la fiesta había tlaxcaltecas y blancos con ojos vigilantes que acechaban hasta a mis pasos, que no eran muchos ni más diestros. En cuanto terminé de contarle a mi señor, este salió del recinto para corroborarlo y no regresó a donde presenciábamos la fiesta. Pero la ceremonia había comenzado, los cantos de las flautas, silbatos, el huehuetl, entonaban los cantos y el joven divino subía rumbo al sacrificio de su vida. En el templo una estatua de Huitzilopochtli infundía ánimos en las voces de los antes decaídos guerreros. Los gritos de guerra simulados se percibían llenos de esperanza y seguían los ritmos del baile de los mejores guerreros de Tenochtitlan. Contentos estábamos de lo hermosos y jóvenes que se veían los danzantes.

Los poemas llenaban el aire y las joyas de jade, y de oro, de plumas de quetzal desviaban los rayos del dios Sol, del dios Colibrí hacia todos los que allí festejábamos. Los teules no parpadeaban e inmóviles seguían cada movimiento de los convidados.

Y juro que ante tanto resplandor de los valientes guerreros, los ojos del capitán Alvarado destellaban de envidia, ojos del mismo color de las piedras que codiciaba. Y esa mirada tuve que tomar como mal presagio porque en el momento en que iba yo a salir a buscar a mi señor, escuchamos el santo y la seña de los teules que se lanzaron de todas partes, como lluvia, con sus armas afiladas y disparando fuego sobre los que participábamos de la fiesta y el convite. Más de seiscientos corrimos sorprendidos y atareados. No nos dieron oportunidad de escapar por las entradas; con ferocidad encajaron sus lanzas de metal enormes sobre varios danzantes, haciendo brotar sangre a borbotones de sus pechos de plumas o de las espaldas desnudas.

Huitzilopochtli, el dios, fue tumbado del altar, empujado por tres teules cayó sobre algunos guerreros mexicas que invocaban su protección y murieron al instante. Los bailarines, que eran los guerreros más diestros de nuestro ejército, fueron mancillados con las patas de los animales extranjeros, obligados a vomitar sus propias tripas por los golpes en sus panzas. Sobre el piso se arrastraron algunos de los mexicanos deteniendo la bolsa de su estómago con las manos mientras la sangre bañaba sus dedos. Los tambores dejaron de plañir para ensordecer al corte de las manos del que tocaba; de un tajazo los diez dedos se desmembraron y alcanzó el mexica a abrir los ojos de terror que así se quedarían, pues de otro tajazo le volaron la cabeza, que rodó junto al tambor. En la mirada de los guerreros águila se incrustaron las puntas de los palos de metal que traían los crueles españoles, quienes dejaron que a tientas buscaran un refugio sus víctimas para salvar el resto del cuerpo, antes de que una ráfaga los alcanzara y dispersara el montón de órganos tirados sobre el piso del baile.

Otros guerreros fueron destazados como venados, sus piernas primero, esperando que salieran torrentes de sangre, los brazos después y, al último, cuando las lágrimas ya no salían de las cabezas vivas, decapitaron los troncos para patear cual bolas de piedra y caucho sus cabezas. Muchos otros fueron muertos por la espalda, atravesados en el acto y con el metal saliendo al otro lado de sus cuerpos; a varios se les botaron los ojos como joyeles que cayeron de sus rostros. Después les sacaron la espada y volvieron a meterla en círculos para machacar sus corazones. Ante el terror que cundió rápidamente por la ciudad nadie salió de sus chozas y casas, y los que quedaban en el recinto se tropezaron con sus compañeros para morir a manos del blanco que los perseguía. Correr fue en vano. Yo no cerré la boca en varias horas y fui bañado con la sangre de los más valientes guerreros mexicas que salvaron mi vida, ocultándome.

Los ríos de sangre se fueron formando por las esquinas y aun los propios blancos se vieron resbalando con tripas expulsadas de los cuerpos de sus víctimas. En el lago una gruesa capa aceitosa y roja cubría las aguas antes azules anclando las chinampas que ahí estaban navegando. Los trajes plateados de los teules tenían hilos de sangre, horribles pedazos de piel colgando sobre sus hombros en lugar de listones como improvisados Xipe Tótec: señores usurpadores de los desollados. Otros heridos llegaron a las esquinas del lugar de Huchitpochtli para ser muertos a golpes por piedrazas propinadas por los tlaxcatelcas que gritaron y aullaron cantos de guerra. Algunos quisieron salvarse al trepar por la pirámide pero fueron alcanzados por el fuego, o de las greñas arrastrados por los escalones hasta que la cabeza quedara destrozada con todo los sesos al aire por la fricción de la piedra.

Yo, con mi tamaño, tomé el tronco del cuerpo de un guerrero degollado y lo puse encima de mí, yo era sólo un cuerpo más, diminuto y oculto, como tantos otros que fueron cayendo uno encima del otro, dejé de respirar cerrando las narices para no vomitar por el olor a sangre y miedo que despedía el cuerpo que me cubría, y los restos de los demás. Y sentí la malva del cuerpo salvador que me cubría derramarse sobre mis ojos, sobre mis piernas y sobre toda mi piel. Quise creer que era un sueño, pero era cierto que los extranjeros salieron del recinto y buscaron en las casas, en las chinampas y en los árboles a quien tuviera vida, para macerarla y exterminar con la más cruel de las muertes la herencia mexica. En el centro del mundo, en el Templo Mayor, olía a descompuesto y los zopilotes volaron muy bajo. El silencio era pesado y como ecos se escucharon algunos gritos que daban idea del lugar que en ese momento destrozaban los de Alvarado. La flor de la nobleza, del sacerdocio y de la milicia cayó anegada en sangre.

Pero los mexicanos de afuera de la fiesta cantaron a los valientes que quedaron vivos, los que aguardaron alrededor para tomar las flechas, los escudos y las armas. Los que estuvieron en las casas de los sacerdotes y Cuauhtémoc, mi señor, prestos cobraron agallas y tocaron el grito de guerra. No morirían sin dar lucha. Si muertos estaban los valientes guerreros en el Templo Mayor ellos lucharían por los corazones de todos. El clamor ensordeció a los españoles que no esperaban respuesta tan rápida y corrieron en dirección contraria a la nube de flechas y piedras y dientes pelados. Corrieron al único lugar que podría cubrirlos de la furia de los que se veían ya perdidos: al palacio de Axayácatl, donde estaba prisionero Moctezuma. Los teules se encerraron a piedra y lodo en el palacio, muertos de miedo. Y vengando su temor con el soberano le pusieron cadenas de metal. Cuauhtémoc ya trepaba para llegar a palacio, había dejado a unos de los suyos con los muertos y traía turbas atrás de él, dispuesto a matar, como lo habían hecho los extranjeros.

—Hay miedo, señores, porque el Sol ya no brillará sobre nosotros, ¡oh, Tezcatlipoca! Incineren a nuestros hijos muertos a traición, que se vayan con nuestros teules, que esta tierra ya no está hecha para la vida —se lamentó Moctezuma con los teules que a su lado llegaron.

Se fueron macehuales y nobles por igual a sitiar el palacio y con piedras amenazaron a los cobardes que adentro morían en vida de tan sólo escuchar el vituperio. Tenían ya orden de matar sin tomar prisioneros, quitarles el aliento que a traición habían ellos eliminado de tantos guerreros.

—Cuilones, a matar a ciegas. ¡Adelante, valientes tenochcas, retiren puentes de los canales, combatan desde todos los puntos altos, de debajo de las piedras, que no quede un solo teul vivo!

Los sacerdotes hacían sacrificios para apoyar a sus guerreros con la sombra de Huitzilopochtli, los niños juntaron piedras y las mujeres también se aventaban a la lucha.

—Joven guerrero, danos la victoria, ¡oh dios Huitzilopochtli! ¿No juraste a los sacerdotes darnos el triunfo y a ellos la ruina total? —gritaba Cuauhtémoc iracundo.

Los españoles habían montado trece cañones en la muralla del palacio que de nada sirvieron porque la rabia de los guerreros tenochcas desatada se llevó a todos los de Alvarado que encontraron, por igual. Él mandó que Moctezuma ordenara al general tlatelolca Itzcuauhtzin a calmar a todos cuando el sol se fuera. Así que con desgarrado pulmón salió el enviado a gritar desde una terraza del palacio:

—¡Oh, mexicanos; oh, tenochcas, su señor, el jefe de los hombres, Moctezuma, suplica que escuchen, que no vale la pena, que dejen las armas: las flechas y los escudos, que piensen en los que vivos esperan su regreso, en los que se amamantan todavía, las mujeres y los viejos, que no cale la pena, no vinimos a eso, que dejen pues lo que intentan hacer! Al señor lo han encerrado, puesto cadenas de metal en los pies, e inmóvil sigue suplicando por sus hijos.

Esas palabras encolerizaron aún más a la turba de guerreros, más aún que a Cuauhtémoc; podía yo oler el sudor de su furia. Gritó:

—Moctezuma, ¿nuestro señor? Que se quede con los suyos: los blancos a los que nos vendió como en día de mercado. Que se quede con ellos porque nosotros hemos de vengar a los hijos muertos y castigar a los perros que deshonraron a nuestros dioses.

—¿Cómo nos pide que paremos la defensa? Si después de matar a nuestros principales se han burlado de nosotros despojando a los muertos de sus joyas. No merecen más que la muerte los teules —prosiguió otro señor guerrero.

Los teules cubrieron a Itzcuauhtzin con sus escudos. Un guerrero al lado de Cuauhtémoc enfureció más y disparó su arco hacia el que vociferaba que dejaran las armas. No tuvieron más remedio los españoles que quedarse aprisionados en su propio palacio. El señor Tonatiuh ordenó cubrir el palacio, y temeroso se atrincheró bajo las faldas del más atemorizado: Moctezuma.

—Tonatiuh —le reprendió el rey tenochca a Alvarado—, no creo que haya sido lo mejor, enemigos de otros pueblos yacen abajo esperando mi caída.

—La cobardía de Moctezuma ha sido absoluta, debemos acabar con cada teul porque no sólo quieren el oro o las piedras, quieren nuestro suelo y a nuestras mujeres, quieren nuestra religión y tumbar a nuestros dioses. Quieren profanar nuestros templos. Debemos luchar y sitiarlos hasta que mueran hartos de sus propias presencias —gritó Cuauhtémoc a todos los guerreros.

V

Año 2 Pedernal

Los guerreros prosiguieron su sitio con un cerco infranqueable por más de veinticuatro puestas de sol. Cuauhtémoc, mi señor, tenía la consigna de no dejar pasar alimento alguno. De machacar al primer español que se asomara. De evitar cualquier indicio de misericordia para con los teules. Yo fui, como siempre, su otro par de ojos. Todos tuvimos la consigna de que no pasara ni un rayo de luz al palacio, so pena de nuestra propia muerte. Los desdichados que todavía lloraban por el señor Moctezuma fueron de igual manera golpeados. Cuauhtémoc descargaba su coraje contra estos por considerarlos igual de cobardes, y sí: muchos lo fueron y corrieron a esconderse bajo las faldas de sus mujeres, allá en las chozas que los salvaguardaban de luchar y de ser acusados como cómplices de la deshonra mexica.

◊ ◊ ◊

Así, un mes lunar estuvieron presos los españoles con Moctezuma hasta que las noticias del regreso de Malinche, triunfante de su lucha con Pánfilo de Narváez, arribaron con los mensajeros. Y sin tener noticia de la sangre que había corrido en esos días en la ciudad, el Capitán llegó a Texcoco, donde le contaron los enviados de Tonatiuh que una desgracia había sucedido en Tenochtitlan. No sé cómo se habían filtrado los enviados del capitán Alvarado porque nuestra vigilia era total, pero a los oídos del Malinche Cortés llegó otra vez el mensaje de Moctezuma que se disculpaba por aquellos acontecimientos. Se acercó el Malinche a la ciudad sitiada, vacía y llena de polvo de tantos muertos. Y a pesar de traer armas de fuego y cañones, tuvo que replegarse hasta la natural prisión de los teules: el palacio de Axayácatl, porque arremetimos contra ellos a pedradas hasta replegarlos a su entrada a la herida Tenochtitlan. Con nuestras hondas queríamos que cayeran y desde las terrazas y los puentes asaltamos matando a algunos blancos.

—¡Alabado sea Dios que llegaste, Capitán, por poco y nos matan los bellacos! —abrazó Tonatiuh a Malinche—. Los desgraciados prendieron fuego alrededor del templo, hicieron boquetes donde pudieron. Pero Moctezuma envió un mensaje de calma, de lo contrario, he de jurarlo, que estaríamos muertos. No nos dejan salir por nada y tenemos mucha extrema necesidad —lloró cual niño el capitán de pelos rojos.

Cortés sabía la causa, las noticias le habían llegado a tiempo cuando regresaba de la costa. Estaba muy irritado y así reprendió al español:

—Alvarado, por vida de Dios, ¿quién te ha mandado a realizar semejantes acciones? ¡Qué falta de juicio! Con gran desatino obraste, hay que rogarle a Moctezuma que hable con los suyos, porque cuando yo entré a la ciudad muchos ojos en la penumbra seguían mis pasos y tuvimos que matar a varios en el trayecto, y muchos de los nuestros cayeron en las mismas zanjas hasta que fui obligado a encerrarme aquí contigo —le dijo Malinche, desesperado, a Tonatiuh.

—Moctezuma, ¿cómo es que tu gente traiciona así al rey don Carlos, atacando a mis hombres? Es menester que hable con ellos, diles que eviten la guerra.

—Malinche, ¿qué más quieres de mí? Te he entregado todo y ya nada soy. Si salgo yo, los mexicanos no me escucharán. Te pido que liberes a Cuitláhuac, el señor de Ixtapalapa, él es más querido en estos momentos y podrá apaciguar los ánimos levantados por los muertos. Yo creo que sólo él podrá recuperar la paz para todos —chilló Moctezuma.

Así llegó con nosotros el valeroso Cuitláhuac, señor de Ixtapalapa. Y escuchamos atentos lo que dentro del palacio, tras sus muros, sucedía. Fue puesto en libertad por Malinche para apaciguarnos, pero el joven guerrero en la fuerza de la edad y con gran amor por sus téolts salió enojado como nunca contra los teules y, a pesar de ser pariente legítimo del señor Moctezuma y con ayuda del impetuoso Cuauhtémoc, se puso al frente de nosotros para dar una guerra sin cuartel a los invasores.

Afuera, nosotros necesitábamos a alguien que en verdad fuera nuestro guía y señor; así, el valiente y nunca temeroso Cuitláhuac tomó posesión como la palabra guía. Sería nuestro siguiente tlatoani.

—El Concejo de ancianos, los señores mexicas, ven con el beneplácito de los dioses que Cuitláhuac sea el próximo Huey Tlatoani. Tezcatlipoca lo ungirá con su sabiduría y herramientas para guiar a todos los hijos que ha de cargar sobre sus hombros —decían los ancianos—. Pero esto sólo sucederá a la muerte de Moctezuma, algún día no muy lejano.

—Así será, señores, Tezcatlipoca no abandonará a su pueblo y Cuitláhuac será el sucesor —dijo el señor Cuauhtémoc para que todos guardaran silencio meditando la consigna.

Cuitláhuac quedó a nuestro frente y fue auxiliado en todo por mi señor Cuauhtémoc. Tuvimos la orden de nuestro guía de tirar a matar a los teules. Y con el Sol se reiniciaron con más fiereza las emboscadas contra los enemigos extranjeros y sus aliados.

—Tenochcas, no caigan, maten sin mirar a los ojos. Que basta con que sean teules, hijos de Tonatiuh, para ser enemigos —gritaron algunos guerreros.

Moctezuma ya había perdido toda luz. En un rincón con hierro en los pies mantenía los ojos cerrados ante el clamor que de afuera venía. El llanto a ratos lo doblaba más. Las arrugas tenían su rostro circundado y comía menos que los demás prisioneros. Rezaba sin que los teules lo vieran y comenzó a perder los estribos cuando escuchó que su pueblo trataba de abrir los muros del palacio de Axayácatl. Muchos mexicas intentaron entrar por la fuerza y acabar de una vez por todas con Malinche y sus soldados.

—No se rindan mexicanos, empujen —escuchaba Moctezuma. De repente el Malinche Cortés dio la orden de arremeter contra nuestro Templo Mayor.

—¡En nombre de Dios, vayan al templo de los ídolos de piedra! Es un golpe que no van a resistir. Ataquen —gritó el capitán Cortés y, con gran velocidad, Tonatiuh y sus hombres que peleaban en la entrada del palacio tomaron dirección hacia el Templo Mayor.

—¿Qué hacen? ¿Hacia dónde van los teules? Es una afrenta, no pueden —gritamos.

—No lo permitan, mexicas, el Malinche Cortés está herido de un brazo, podemos detenerlo —se escuchó desesperado a Cuitláhuac, que no imaginó el ataque al Templo Mayor.

La guerra se hizo más sangrienta en el gran Teocalli. Huichipochtli, Tláloc, Tezcatlipoca eran nombrados con la desesperación de quien solicita más protección que valentía. Mientras la sangre hacía charcos: mezcla de teules, tlaxcaltecas y huexotzincas con mexicas, de su dios con nuestros dioses. En los escalones se arrastraron los nuestros para no permitir que unos u otros lograran llegar a la cima donde los dioses descansaban con el total dominio de la vista del valle. Rodaban cuerpos por los escalones, miembros de cuerpos mutilados de extranjeros y mexicanos hacían resbalar a los guerreros y soldados que querían llegar primero a la cima de la gran pirámide. Cayeron también como piedras algunos indígenas lanzados al vacío por la desesperación de defender lo más sagrado que tenían.

Pero el esfuerzo no dio frutos, y nuestros valientes guerreros no alcanzaron a llegar antes que los infames extranjeros que cometieron la más cruenta de las acciones: despedazaron a los dioses de los templos gemelos, Huichipochtli y Tláloc. Las piedras todavía cayeron sobre muchos. Cuauhtémoc, estupefacto, siguió en la batalla en el palacio de Axayácatl. Cuitláhuac en los escalones prosiguió la lucha por los suyos. El horror nos abatió, la ofensa fue incontable.

—¡Sobre ellos el castigo máximo! La venganza de los dioses caerá sin remedio sobre los blancos —se escuchó el lamento de Cuitláhuac entre los llantos y gritos y palabrerías de teules y mexicas.

Entre el espanto no pudimos evitar que los extranjeros, malditos todos, regresaran al palacio de Axayácatl.

—El fin del mundo llegó. Nuestros dioses mancillados. Nos derrotaron —lloró nuestro nuevo Tlatoani— pero debemos continuar, tenochcas, sigamos porque los dioses nos obligan a castigar a los teules. La muerte no importa. ¡Al ataque!

Sin embargo, esa noche ya estaba todo dicho. Y el cansancio y el bajo ánimo nos tenían atrapados. Seguí a Cuauhtémoc, que lloraba en silencio, a descansar por unas horas. Reponer la fuerza y rezar a los dioses que de lo alto habían caído. Tres horas de aguda afrenta habían sido ya demasiadas. El Malinche Cortés, muy malherido, asombrado del valor de nuestra gente, se había retirado a sus aposentos.

En la calzada de Tacuba, como tecolotes, esperamos a que la noche entrara. Yo, curando heridas, huecos abiertos en la piel y en los corazones abatidos de los guerreros exhaustos, evité el sueño. Fue entonces cuando entre la penumbra de la noche sin luna vislumbramos algunas sombras de teules que, en chinampas y arrejuntados, navegaban como con la intención de abandonar la ciudad. Con un grito de alerta, el jefe Cuitláhuac, en un instante ordenó que el lago se llenara de canoas en torno a la calzada de Tacuba.

—¡Cuilones! ¿Ahora sí huyen? No se irán con la vergüenza de nosotros como trofeo. ¡Toménlos presos! —se desgarró la voz Cuitláhuac.

—A muerte, ¡Santiago, ilumínanos! —gritaron en respuesta las sombras de los teules.

—Sujétenlos para que no escapen —decían los mexicas.

—Salvadnos, no nos abandonen —chillaban los teules.

—A pasar el puente, apurar el paso que se han mojado los arcabuces —ordenaban otros extranjeros, presas ya del miedo.

—¡No podemos quitar el puente! Señor, estamos perdidos —escuchamos decir a otros blancos.

—¡Nuestros dioses serán vengados! —un coro de gritos venidos de la cólera misma era lo que los mexicas vociferábamos.

En el foso del canal muchos cadáveres fueron encimados a manera de puentes, y la batalla era cruenta y parecía no tener fin.

71

Al mando de Cuitláhuac mostramos valor sin tregua; las pérdidas humanas eran muchas, pero los penachos de los mexicas se adelantaban a pesar de que un tiro de cañón se llevara a diez o doce hombres, como un estornudo. Se cerraron luego los guerreros manteniendo siempre el escuadrón como si no recibieran daño alguno y siguieran en milagrosa pelea.

Supimos por nuestros enviados, que Malinche se sintió perdido por momentos e incluso decía que era menester regresar a sus tierras. Esas noticias infundieron valor a los guerreros mexicas prestos a morir por el honor de Huitzilopochtli.

En esa noche de lucha sin par, la imagen de Cuauhtémoc estaba más presente en mi cabeza, quizá por el miedo de que cayera en combate. Con el tiempo, se había vuelto más callado y el fuego salía de sus ojos. Obedeció en todas las estrategias, fielmente, a Cuitláhuac, pero sus ansias contradijeron a su señor cuando este le indicaba que parara, y lo hacían transpirar aún fuera de combate. Con todas sus juveniles fuerzas, mi señor siguió a su jefe en el primero y en el segundo asaltos al lugar de los teules. Incendios en el palacio de Axayácatl habían hecho temer a los ahí cautivos por sus vidas pues los dos guerreros por sí solos traían la fuerza de cuatrocientos tigres y la habilidad de cuatrocientas águilas. A un capitán que llevaba doscientos hombres para proteger a los extranjeros le mataron algunos y lo hirieron en la pierna antes de que pudieran retirarse, pues Cuitláhuac había dado la orden de no parar los ataques y que estos fueran a placer, sin tregua alguna. Los incendios tuvieron que ser apagados por los teules, derribando dentro del palacio algunas paredes sobre la lumbre y, en grandes oleadas, Cuauhtémoc había comandado sus hondas, arcos, flechas y macanas erizadas de navajas de obsidiana contra el palacio, esperando que una hubiera caído al gran desertor y causante de tanta muerte y humillación: Moctezuma Xocoyotzin. Los guerreros águila, los guerreros tigres y otros no menos rudos, no habían dejado noches silenciosas y tocaron rebato ante los españoles asustados. Recuerdo con alegría y dolor, qué curiosa mezcla, esos días que fueron de no sentarse a orar, y de alimentarse únicamente con el maíz que traíamos en los bolsillos y un poco de agua con miel.

❂ ❂ ❂

No he relatado cómo las ansias del Cuauhtémoc disminuyeron para dar paso al furor. Únicamente he dicho que esa tarde el señor de Tlatelolco batallaba por el amor a la tierra de sus téotl. Malinche le pidió al infeliz Moctezuma, durante el día y encarecidamente, entre un asalto y otro, que saliera a calmarnos porque el cerco ya se hacía insoportable, pero sólo atinó a encrudecer el odio que le teníamos al señor de Tenochtitlan. Pidió el antes soberano respeto y, en medio del silencio y la muchedumbre, que callaba, se escuchó la voz rabiosa de Cuauhtémoc:

—¿Se atreverá el siempre ausente Moctezuma que no pudo levantar los ojos para contemplar de frente a quien nos atacaba? No le queremos obedecer porque ya no es nuestro tlatoani, y como vil hombre le hemos de dar el castigo y el pago.

Muchas flechas se dispararon al señor de Tenochtitlan que lloroso se cubrió de inmediato. El Malinche no lo había acompañado pues se resguardaba dentro del palacio.

En esa tarde, después del altercado con la fallida pacificación de Moctezuma, mi señor Cuauhtémoc, mohíno y triste, pidió absoluto silencio y soledad. Mientras, yo visité a la gran señora adivina, para que me echara tierra en los ojos hasta cegarme y me dijera qué porvenir teníamos.

—Tu señor, Ocuilin, tendrá que matar a todos los teules porque ellos traen la misma consigna sobre nosotros, también debe herir a muerte a los traidores que ayudaron a esos extranjeros, aunque de noble rango sean, a ellos y a sus hijos —sentenció.

En el palacio de Axayácatl les faltaba agua y comida, pero los extranjeros eran duros y fuertes como la piedra, y muy pocos morían. Los vigías convivían con Moctezuma y lo invitaban a sus oraciones.

Y se decía que los hijos del sobera no esperaban que Malinche por fin los liberara y les diera el lugar que les correspondía.

Cuando llegué de vuelta a la casa donde nos resguardábamos, para dar noticia a mi señor de las imágenes funestas que la señora adivina había vaticinado, observé que entre las oscuridades con formas de hierbas que se dibujan cuando el día va muriendo, se deslizaba la figura de Cuauhtémoc, y lo acompañé como deber mío que era el ser su sombra. Los sacerdotes, que adentro se encontraban, nos siguieron con las miradas pacíficas, sin un dejo de duda, seguros de lo que el joven aguerrido haría. El joven guerrero, hasta hace poco sacerdote, se dirigía, como si en trance no sintiera nada, al palacio de Axayácatl donde los vigías mexicas y teules se disputaban la vista y el espacio. Pero la noche había vencido de sueño a la mayoría y no se percataron de nuestros pasos. Escurridizo se filtró Cuauhtémoc por uno de tantos boquetes que hicimos días antes con el propósito de intentar introducirnos a la prisión de los usurpadores para darle fin a Malinche y Tonatiuh y a sus malos hombres sin éxito. Mi señor pasó como por magia, pero yo sin problemas crucé el muro. Éramos nahuales y así logramos cruzar los muros, y ya dentro del palacio escondernos para escuchar cómo Cortés le pedía a Moctezuma hacer un tianguis para tener alimentos que ya escaseaban. El monarca se hacía el sordo y parecía molesto con Malinche:

—Ya nada puedo darte, señor —le decía el monarca a Malintzin, la lengua, quien se lo comunicaba a Jerónimo de Aguilar, y este a su vez se lo decía en castellano a Cortés—, si ya todo es tuyo y nada me pertenece, ni el honor ni el respeto de mis hijos, ni el derecho a vivir ni la seguridad de una buena muerte.

Cortés también respondió con otro desplante al que gobernaba Tenochtitlan desde hacía más de diez y nueve años. En ese momento de breve encuentro llegó un soldado muy mal herido y distrajo a Malinche Cortés porque lo asustó al decirle que en Tacuba había una rebelión muy fuerte y que parecía multiplicarse.

—Ellos están quemando a sus muertos pero siguen luchando. Son muchos y emergen de quién sabe dónde. Nosotros logramos huir pero otros no tendrán la misma suerte —le decía el guerrero teul al Malinche— parece que por magia se les matase y resucitaran sus dobles.

Así que juntó en ese momento el jefe de los blancos a su ejército y a los pocos hombres que había traído del señor Narváez, con armas de tiros y ballestas y lanzas. Muy cansados del rostro y con varias heridas se veían los teules, que eran muchos, a pesar de los otros tantos a los que nosotros habíamos dado muerte. Así salió Malinche y su gente y abandonó el umbral donde Moctezuma se escondía en sus pensamientos. Aprovechamos entonces para presentarnos frente al rey de los tenochcas. Sé que nos sintió por la espalda y ya no sugirió movimiento alguno, tampoco dijo cosa clara cuando, ya, cara a cara, se encontró con el señor de Tlatelolco, aquel que se había atrevido en medio de todo el airoso pueblo a poner en duda su autoridad y origen divino: Cuauhtémoc, el águila que cae. Dos eternos segundos se miraron a las pupilas cuatro pares de ojos de obsidiana. Moctezuma parecía pequeño, flaco y con más pliegues en la piel que cuando se enarbolaba frente a todo su Imperio. Como si fuera un anciano y no un soberano. Se quitó el penacho y, sin pronunciar palabra, quizá porque también sus presagios concordaban con esa última imagen, cerró los ojos. Entró allí Itzcuauhtzin, que estaba preso también, y enmudeció al ver a Cuauhtémoc con toda la altivez en el joven rostro. Iba a levantar un brazo pero de un solo golpe cayó al suelo y Cuauhtémoc guardó su macana de punta de obsidiana manchada con poca sangre. Moctezuma seguía mudo y no pronunció alarido ni llanto alguno. Cuauhtémoc lo despojó de su capa de plumas y con la mirada bien fija en el rostro del que fuera su rey, tomó su cabeza entre los brazos y le propinó un golpe muy certero entre el cuello y la nuca. El señor Moctezuma desfalleció. Tan querido y tan lastimado. Tan odiado después. Sentí que su mirada final imploraba compasión, se quedaron abiertos y redondos como comales sus ojos soberanos. Los días de banquetes, pleitesía, honores, ambiciones e injusticias, los días de prisionero, de devoto, sus días en este Anáhuac habían terminado.

En el cuarto donde dejamos el cuerpo, más pesado que cuando vivo estaba, yo descubrí pinturas de la señora que adoraban los teules, su diosa, y algunas imágenes de otros de sus dioses blancos que acompañaron al soberano en sus días de prisionero. Salimos con el mismo sigilo del palacio y dejamos sobre el suelo el cuerpo sin aliento del rey de Tenochtitlan.

—Ocuilin, ya nada estorba la obediencia del pueblo, por fin el designado para ser nuestro guía es Cuitláhuac, él sí lucha con nosotros cuerpo a cuerpo por los nuestros. Mañana ya no verá más el sol este cobarde que por Tlatoani tuvimos, ni recordaremos sus ingratos días finales —fueron todas las palabras que pronunció mi Cuauhtémoc de regreso a la choza que nos servía de guarida.

La noche nos hizo sus presas, sólo un rayo de sol se filtraba por entre las oscuras nubes y Cuitláhuac, y seguíamos cercando con más y más gentes las guaridas de los extraños y sus aliados. Sabíamos que ya no tenían que comer y que tomar y que la desesperación sería nuestra mejor aliada. En Tacuba los pocos puentes que permanecieron en pie eran asaltados y el lago se hallaba lleno de chinampas, como antes de una guerra florida. Muchos reunidos cerca de la prisión de los españoles estábamos a punto de entrar por los que allí quedaran vivos, cuando otra vez el silbido que anunciaba un mensaje del viejo tlatoani, Moctezuma, se escuchó y callamos:

—Hijos míos, mexicas.

Otra vez salió una voz de la terraza principal del palacio de Axayácatl para decirnos que era menester escuchar al señor de los hombres que nos tenía un mensaje. Era uno de los hijos de Moctezuma que con él estaba preso desde hacía semanas.

Cuauhtémoc no pestañeó y los demás observamos en total silencio por unos instantes la terraza donde habría de aparecer el soberano, como quien recuerda que el que habla es el que manda y nos representa, y quien por los dioses está al frente de todos.

Palabras muy amorosas hacia nosotros fueron dirigidas y se nos dijo que los teules abandonarían nuestra ciudad, pero que necesitaban un remanso de paz y alimentos y agua dulce, porque del pozo sólo agua salada podían beber. La voz salía de dentro del palacio pero no se veía al señor Moctezuma, al que subieron al final detenido apenas por dos hombres, como si fuera un anciano, y no un cadáver como sabíamos pocos que ya era.

—¡Todo el mal suyo y de sus parientes ya no nos llega, un primo suyo será nuestro guía y Huey Tlatoani! —gritó uno de los nuestros que atónito quería relacionar la voz con el cuerpo que los teules, quienes salían a la terraza, de los brazos sostenían. Ante la lluvia de piedras, el cuerpo de Moctezuma cayó y de inmediato fue introducido al palacio. Una piedra alcanzó a golpear el cráneo del soberano, del que emergió un chorro de sangre. Sangre muerta desde antes de ser subido al templo, aunque eso sólo lo supimos Cuauhtémoc y yo.

Al regresar de esa farsa Cuauhtémoc cortó su cabello con la misma navaja de obsidiana y sus ojos de gran fiereza se encendieron.

Una vez dentro, el cadáver de Moctezuma fue arrinconado mientras los teules se limpiaron el polvo y las heridas causadas por piedras; no podían quitarse el sabor de nuestra saliva, que les escupíamos. Malinche, contrariado, dictó orden de sacar, con la ayuda de dos totonacas que estaban presos, el cuerpo sin vida del señor Moctezuma en medio del anonimato total y sin esperanzas de que esta muerte cesara la guerra. También fue lanzado fuera el cadáver de Itzcuauhtzin. Los dos cuerpos yertos se arrojaron al borde del agua al tiempo que los teules huían del palacio con sendos cargamentos. Afuera, uno de los nuestros reconoció al señor Moctezuma y lo recogió para llevarlo a Copulco. El cuerpo, nos cuentan, fue entregado a unos de sus parientes y fue colocado en una piragua, a la que se le prendió fuego para que se hundiera en el canal, entre los lirios, donde otros muchos de sus hijos restaban para encontrarse en la casa del Sol, la casa que no tiene puertas ni ventanas. Fueron pocos los que presenciaron la quema del rey de los tenochcas; el cadáver decían que olía ya mal y que mientras se fue sumergiendo en las aguas proliferaron las palabras que salían de su corazón encolerizado.

—¡Tantos soles bajo su reino de terror. Cuántos muertos se llevó, cuánto pagamos, y ahora tan así se va el Huey Tlatoani!

En Tacuba no cesamos de repetir que la guerra no terminaría sino hasta que no quedara ningún teul sobre nuestras tierras y en nuestras aguas. Atacados serían cuando anduvieran en los puentes o caminaran por los andenes. Muy tristes se fueron poniendo los extranjeros que no creían en las piedras que lanzábamos desde las azoteas y sobre las pasaderas. En las casas de los sacerdotes, Cuitláhuac, con rapidez, fue ungido como el legítimo y único señor sobre los mexicas.

—En ausencia de Moctezuma te nombramos tlatoani, y que Tezcatlipoca te provea de su lumbre y resplandor para que sepas lo que has de hacer y el camino que has de llevar —le repetía un sacerdote.

—Señor, guía a este pobre electo, no por él sino por aquellos a quienes ha de regir y llevar a cuestas —otro sacerdote le ungía.

—¡Dios Tezcatlipoca! Bien sé que sólo tu luz me ayudará —aceptó finalmente Cuitláhuac, quien ya fungía como el nuevo señor de los hombres, el pobrecito.

❖ ❖ ❖

Cuitláhuac retornó a la batalla al frente de cada uno de nosotros y ordenaba que a los puentes se les ahondaran las cortaduras. No faltaba mucho para que el Sol nos entregara los rostros de las sombras con las que luchábamos en las aguas densas. Los teules temieron que nosotros tuviéramos la victoria porque sus gritos eran de terror y muchos lloraban: sólo querían salir del centro del mundo, huían como bestias asustadas. No podían escapar más que por agua y ya no tenían barcos; las casas en que arribaron ellos mismos las habían quemado. El agua dulce que pidieron, Cuitláhuac la había negado. Morir o rendirse, únicos dos caminos que les dejamos. Y yo siempre me incluyo, porque a pesar de ser nadie y el más pequeño de los que en batalla se vieron, fui un arma eficaz para Cuauhtémoc, además de guardar la palabra: fui quien escucha y dice lo que oye, quien siente el veneno de los otros y aún busca el antídoto antes de regresar con su señor, tan querido.

El pánico fue propagándose en ambos bandos. En ellos más, pues fue cierto que un soldado de nombre Botello, nigromante, horas antes les adviritió:

—Mucho sé, porque el don me lo dio Dios nuestro Señor, que si no salimos de México esta noche, nadie gozará de vida para contar lo acaecido en estas tierras que hoy parecen de nadie —así los instruyó el tal Botello.

A nosotros, la figura de un esclavo de color del chocolate que pasó cerca de la puerta de Tenochtitlan, un poco en trance, un poco muerto, y que llevaba el cuerpo en carne viva, supurando por cuatrocientos puntos negros y rojos repartidos en todo su cuerpo y que, incluso, en las comisuras de sus labios había puntos y granos en erupción, nos entregó la horrible imagen de la enfermedad y el castigo que podría esperarnos por parte de los dioses que ya no nos escuchaban ante tanta infamia cometida.

Cuando le contamos a Cuitláhuac, nuestro señor, la terrible imagen que muchos presenciamos, palideció de tal manera que hasta prefirió abandonar las armas por unos minutos y retirarse a descansar, encomendando el cargo de la vigía al diestro Cuauhtémoc. Tantas horas de incansable batalla tenían que llevar sus consecuencias, Cuitláhuac iba perdiendo las energías antes imparables, la palabra precisa y la clarividencia para dirigirnos. Parecía que los dioses iban alejándose y no lográbamos dar fin a los invasores, a quienes su dios parecía no abandonar nunca. Cuauhtémoc había librado a su visión y oído del oprobio y la cobardía del por largos años odiado Moctezuma Xocoyotzin, y ahora su energía absoluta se concentraba en liberarnos de los que llegaron con careta de dioses y habían tomado por la fuerza a las mujeres, burlándose de nuestras creencias y profanado los cuerpos de muchos guerreros. Él no estaba de acuerdo en que se llevaran las joyas que antes adornaban a sus familiares, ni los penachos que sus antepasados lucieran. No estaba a favor de que tomaran nada que no les perteneciera pues de otras tierras eran herederos, y no de las que ahora pisaban, los muy perros.

En esa noche, treinta de junio, según cuentan ustedes, entre las lanchas de guerra hirviendo en las aguas pudo ver Cuauhtémoc a los hijos de Moctezuma, dos o tres de ellos, comandar varias chinampas cargadas de joyeles y piezas y cuidando de los teules que en ellas vanamente intentaban salvar su vida y algunos paquetes. Se dirigían a la calzada de Tlacopan, que era la más completa, porque las demás las teníamos sin modo de cruzar. De esta manera, en el silencio absoluto, el capitán Malinche dio la orden de abandonar "la cosa más hermosa del mundo": Tenochtitlan, entre la neblina, la oscuridad y la lluvia. Les pidió a sus prisioneros, entre ellos varios nobles mexicas, que los encaminaran con sus ojos de tigre en ese lago que despedía un vaho de muerte. Los que no alcanzaron chinampa, con trabajos, entre el lodo y el agua de podredumbre, huían. Algunos de sus venados cargados hasta más no poder, con las espaldas a punto de doblarse por la carga, a cada paso iban tirando cosas en el fango.

—Los hijos de nuestra peor desgracia van custodiando a los extranjeros, van de la mano de Tonatiuh. Cuéntale a Cuitláhuac, Ocuilin, vuela como sabes —me ordenó Cuauhtémoc.

Pocos momentos después, del templo de Huitzilopochtli salieron gritos de guerra y toques de tambor.

—¡No dejen que se vayan los enemigos con ideas de victoria!, ¡salgan a los caminos y a las aguas a seguir la guerra!

Así, los valerosos Cuitláhuac y Cuauhtémoc se lanzaron en más chinampas con afiladas lanzas, con piedras, con las macanas de obsidiana dispuestas a clavarse sobre cualquier sospecha extranjera, o peor aún, tlaxcatelca. Al llegar a Tlaltecayoacan doy fe de que los teules hicieron un canal de muertos, de animales, de tlaxcatelcas y huexotzincas; todos los cuerpos cubrían el canal colmado de muertos que utilizaron como puente para cruzar hasta tierra a salvo. Al llegar al otro lado, los teules, guiados por un tlaxcalteca, se fueron para Petlacalco, donde pudieron descansar y recobrar el aliento.

Pero fueron pocos los que al otro lado llegaron con vida. En el paso, dos hijos de Moctezuma, Tetlehuicol y el terrible Axayaca, que custodiaban a dos teules que tuvieron que tirar en el canal bien muertos por lanzas, se encontraron con la figura de Cuauhtémoc, quien les cortaba el camino.

Mi señor, con gran saña degolló al primero, hirió a una pequeña hija del antiguo señor de los hombres y a Axayaca lo tomó prisionero por unos momentos, sólo para darle cruel muerte ahogándolo en el agua de tinta y sangre, asquerosa y densa a causa de las muertes mezcladas de mexicanos y extranjeros. Allí mismo se encontraba otra hija menor, mujercita de Moctezuma, que mi señor compadecido dejó con vida, pero la tomó presa y le dio categoría de prisionera teul, quizá pensando en sacrificarla después. Nosotros saboreábamos la victoria y el día ya se amanecía. Cuitláhuac dio la orden de no parar y con gran encarnizamiento los guerreros se lanzaron cual animales sobre los teules que iban camino a Tlaxcala y se creyeron a salvo. Muchos tlaxcaltecas murieron, muchos blancos también, y de parte de los mexicanos quedaron sin vida varios cientos de cuerpos. Con el alba nuestros muertos fueron incinerados, removiéndose en las chinampas los juncos revueltos de mexicanos y teules que mezclaban su sangre con el lodo y flotaban sobre baúles de madera y hierbas. Los tules sirvieron para poner a los nuestros que cayeron en la lucha. Estaban desnudos. Otros de los prisioneros fueron derribados sobre el fango y habían sido saqueados por los teules. Los venados, que ellos decían caballos, también atorados entre la maleza de agua yacían sin vida. En el abismo se quedaron otros muchos, montañas y montañas de blancos y de los nuestros fueron arrancadas con mucho esfuerzo de las lodosas aguas del lago.

Cuitláhuac tenía peor color.

—Señor de los hombres, no te has de sentir mejor, después de tan sanguinaria lucha, debieras descansar, que aquí estaré yo para cubrir tus espaldas —le dijo Cuauhtémoc a su pariente.

La noche más triste de los teules había terminado. La noche más alegre quedaría en nuestra memoria. Así sucedió esa madrugada, no como la más tenebrosa sino como la más gloriosa; fue como la cuento y no como sus soldados y testigos, falsos dioses, han escrito. Que ellos mienten para proteger su memoria vilipendiada por los actos viles de esos años. Escuchamos que los teules cayeron sobre los de

Calacoayacan. Sólo así sus ímpetus de victoria fueron descargados. El capitán Malinche, Cortés, seguía con vida. Y el camino que tomaron fue el de Tizapan, Teocalheuyacan para llegar con antiguos enemigos nuestros: los de Tliliuhquitepec donde les dieron de comer abundante y se pusieron como sus aliados y amigos. Marina o Malintzin no se le despegaba al Malinche, y era su voz, ayudada por Aguilar, la que iba calmando a los pueblos a los que llegaban.

Cuitláhuac ordenó a los guerreros no dar tregua y muchos siguieron los pasos de los teules, mismos que no regresaron, a excepción de dos, porque fueron muertos con saña en los caminos de Tonan, Zacamulco.

Aquí, Cuauhtémoc, mi señor y los suyos, ayudábamos a quitar el polvo, las basuras, los restos de podredumbre sobre las piedras. Con la ayuda del dios Tláloc limpiamos los lagos y las chozas y los senderos. Y ningún teul nos atacaba y tampoco los sentíamos cerca, el color regresaba a las mejillas de nuestras mujeres. Cuitláhuac ya había reunido, una semana después de la que llaman ustedes Noche Tenebrosa, miles de hombres para la resistencia y la victoria que imaginábamos final.

—Cansados encontrarán a los teules. Heridos han de estar muchos —los aleccionó el Huey Tlatoani.

Así lo hicieron, los vimos marcharse todavía briosos; cuentan que la lucha fue a muerte hasta que el cihuacóatl, que los guiaba con valor, fue herido de muerte por Malinche en los campos de Otumba. Después huyeron asustados por la falta irreparable de su guerrero. Por Tepeaca iban los blancos y ganaron adeptos para futuras luchas contra los mexicanos. Después encontraríamos sus cadáveres devorados por los zopilotes en medio de la nada, agujerados, perforados, degollados. Los teules habían caminado con los tlaxcaltecas por delante, los heridos en medio y los cojos con bordones. Los que sí podían andar iban a los lados, con temor de que apareciésemos para darles muerte.

En Otumba, tras la batalla, los extranjeros parecieron respirar por fin: Tlaxcala ya estaba cerca, pero allí los iban siguiendo, por estrategia de Cuitláhuac, muchos de los guerreros mexicanos. Esa lucha fue agotadora; por más de cuatro horas, contarían al Huey Tlatoani. La batalla fue casi de los mexicas cuando Malinche sobre su venado se irguió para dar muerte al que los guiaba en la pelea, y el tlacahtécatl fue atravesado por las armas del jefe de los invasores y los hijos de Tenochtitlan, que valientes luchaban, se desconcertaron, se confundieron y fueron acribillados para morir con el miedo, otra vez, reflejado en el rostro. El penacho que coronaba al guerrero fue arrancado a la vista de las filas de los nuestros, que ya sólo pensaban en huir y salvarse.

En casa, reconstruimos a Huitzilopochtli y lo coronamos con plumas y ofrendas. A la suerte ya no confiábamos nada y nuestro Huey Tlatoani nos urgía para estar al pie por si regresaban los teules. El camino de la costa hasta las cercanías de Tenochtitlan lo iban acaparando los extranjeros y sus aliados, que ya nos habían dado la espalda, aunque no por mucho tiempo.

—Es la cosecha del reinado de Moctezuma —decía Cuauhtémoc sin mirar a nadie, como si hablase solo.

Cuitláhuac ordenó a unos mensajeros ir a Tlaxcala, para pedir audiencia al Concejo de los cuatro para que ya no sostuvieran los artilugios de los que ni siquiera su color de piel tenían.

—Ofrezcan nuestra amistad —ordenó el Huey Tlatoani—. Llévenles mantas de algodón y sal. Díganles que los teules van a traicionarlos, pues no obedecen más tratos ni juramentos que los que el oro les dicte. Es tiempo de pactar.

No tuvo frutos la visita y poco tiempo después algunos teules intentaron llegar a Tenochtitlan por Ixtapalapa. Un desastre de muertos y mujeres a su paso dejaron, de nueva cuenta. Las noticias volaron rápido hacia Tenochtitlan, y Cuitláhuac ordenó que fueran de inmediato a romper el dique de Ixtapalapa. Los extranjeros, sobre sus venados, seguían haciendo orificios en los pechos de las mujeres. Lanzaban picos contra los hijos que corrían tras los suyos. El ataque no se había prevenido. Nadie contaba con ese grupo de teules que rezagado decidió tomar revancha contra nuestro pueblo. Engolosinados estaban matando con toda la saña. Por eso no se dieron cuenta de que el agua fue subiendo, sino hasta que sus animales sólo podían sacar las narices y los ojos.

—¡Salgan, que nos ahogamos! —gritaron asustados. De sorpresa les cayó el agua que los absorbía. Como cobardes, pues, huyeron teules, tlaxcaltecas y acolhuas. Pero también, todas las casitas quedaron desechas y sus habitantes llorosos se lamentaron.

—¡Dónde viviremos ahora si todo está bajo el agua! Cuitláhuac los invitó a vivir entre nosotros, en Tenochtitlan, de donde ya no nos movíamos. También envió a Cuauhtémoc a convocar a los tlatelolcas, y tenochcas, pueblos cercanos y sus tribus para ser sus aliados, pues temían el regreso de los teules con más fuerzas, reagrupándose con nuestros antiguos enemigos.

Mientras tanto yo colaboré, con lo poquito que mi persona podía ayudar, a la limpia de los campos toltecas y de los llanos de Otumba, también. El sacrificio de los prisioneros teules trajo un poco de paz a los tristes rostros de los mexicanos que oían a los huehuetls en el aire lúgubre, en el Coatepantli donde los corazones de esa guerra tan cruenta se ofrecían como flores blancas para Huitzilopochtli. La fiesta fue ofrecida, además de alivio, como exaltación por nuestro Huey Tlatoani, Cuitláhuac, que por las penumbras y la muerte de Moctezuma no había tenido una digna celebración de su grandeza.

۞ ۞ ۞

Así pasaron muchos días, no sé bien la cuenta. La visión del hombre de color del chocolate dio paso a otra invasión. Llevábamos varias lunas llenas sin temer el regreso de los teules. Casi de amigos o al menos vecinos los teníamos y, aunque los espías enviados por Cuitláhuac nos habían dicho de su estancia por Tlaxcala, nos habíamos acostumbrado a su ausencia. Esa felicidad era nuestra. Cuauhtémoc había recuperado peso, en las faldas de la servicial esposa de Cuitláhuac: Tecuichpo; el sueño recobró, y sus entrenamientos en pueblos vecinos le daban buenos resultados a los tlatoanis para recuperar algunos adeptos. No fueron muchos los que se unieron a nosotros de las tierras vecinas porque los odios por Moctezuma, el menor, seguían siendo la cosecha diaria. Al menos esas eran las explicaciones que daba mi señor al nuevo señor de Tenochtitlan.

De las mujeres que vinieron de Ixtapalapa en esos días, murieron dos de la más terrible enfermedad que hayan imaginado los dioses: sus rostros comenzaron a hincharse y supuraban por todos los hoyos nuevos que les brotaban en el cuerpo y la cara. Era como si las hubieran agujerado. El Concejo de ancianos dijo que se debía a un castigo cruento a causa de los malos tratos a sus casas, por la invasión terrible y el olvido y reclamo de muchos. Lo cierto es que las mujeres fueron aisladas de inmediato por órdenes de Cuitláhuac, y el rumor de que el huezáhuatl, como le llamamos a la enfermedad, había arribado en lugar de los teules, o que esta era un enviado maligno más que ellos como venganza habían dejado, corrió por los pasos y casas y templos. Viruela, dirán hoy ustedes que les dio. Pues lo cierto es que esta enfermedad fue igual de mortal que sus lanzas y armas de fuego.

Pero el llevarse a las mujeres no sirvió de mucho, la terrible enfermedad llegó a los hombres también, y varios con terribles agujeros y pústulas comenzaron a ser vistos por las calles. Cuando murieron, los incineramos. Pero fue demasiado tarde, y nuestro señor Cuitláhuac vio el reinado más corto de cuantos hayan existido, porque murió en la quinta luna cubierto de terrible comezón y los mismos agujeros como pequeños volcanes supurando. Los macehuales que se habían contagiado, si no perecían temprano de la enfermedad, eran muertos de hambre, porque nadie se atrevía a tocarlos o estar cerca de sus rostros sin ojos o con puntos sobre la nariz. Pero al suceder la muerte de nuestro Huey Tlatoani, muchos sirvientes fueron obligados a tratar su cuerpo y darle la sepultura que merecía por habernos salvado en aquella noche tenebrosa, y por otras tantas luchas contra los teules. Las lágrimas rodaron en muchos de nuestros rostros, no así en el de mi señor, Cuauhtémoc, siempre tan duro. Se lo llevó la huezáhuatl. Enfermedad extraña de los esclavos y los españoles que cobró la vida a muchos mexicas también, y que antes desconocíamos. Quedaría en nuestra memoria, con absoluta certeza, el que gobernó solamente ochenta días para morir de calentura en el mes de Quecholli, el cuarto mes lunar de su jura.

TERCER AMOXTLI

VI

Año 3 Casa

¿Sobre quién más podría recaer la corona de nuestro pueblo en tan difíciles circunstancias? Mientras el clan totémico de las águilas se reunía, mi señor, tan joven que era, recibió —porque ya se había convertido en tliacuah, hombre muy valiente— el honor de ser el Tlatoani. En un pequeño santuario fue investido. Pero la ceremonia se llevó a cabo meses después; en su calendario caería en enero, o el mes Quautliteua, en los funestos días.

—Debes olvidar tus sueños y tu juventud y tomar corazón de viejo, severo y grave —le dirían los sabios ancianos.

—Cuidado con las caídas y las traiciones, recuerda a tus antepasados y toma lo mejor, encárgate a nuestro dios Tezcatlipoca, porque la vida aquí es peligrosa.

¿Que por qué, me preguntarán, fue en los funestos días? Pues porque el oráculo decía que de inmediato se nombrara a nuestro Huey Tlatoani, además el puente de Chapultepec estaba tomado ya por gentes de Malinche, quien había infundido más odio entre nuestros vecinos, que prestos estaban para vengarse de lo antes acontecido. ¿Estaba de regreso?

Algunos prisioneros tlaxcaltecas fueron ofrecidos en honor a la nueva entronización. Mi señor parecía tan seguro y hasta más grande de lo que en verdad era. Pero no estuvo tan concurrida como en épocas de antes. El miedo y el terror de muchos los hicieron quedarse en su casa y no presenciar una ceremonía que en tiempos de paz hubiese sido suntuosa. ¿Quién iba a venir de tan lejos, con tan pocos días de aviso? Los señores de la Triple Alianza, los sacerdotes, lo tiñeron de negro y rociaron con aguas sagradas a fin de inmunizarlo y darle el poder necesario para guiarnos. Una manta con cráneos y huesos, como el símbolo de la tierra, habría de colgar sobre sus hombros. Cuando habló a su pueblo fue enérgico, y recordó al valiente que lo precedió, pues la lucha y el honor eran sus frases principales. La derrota sería la esclavitud, la humillación no luchar a muerte contra los que desdeñaban a sus dioses. Sus mujeres debían permanecer y dar hijos mexicas y nunca mezclarse con los que habían mancillado a sus padres. El propio nuevo Huey Tlatoani tomó por esposa a la dulce y bella Tecuichpo, que desamparada había quedado tras la muerte de Cuitláhuac.

Pasó la primera luna del reinado de Cuauhtémoc y mandó ojos a todos lados, orejas a los rincones, y se enteró que todavía tenían vida tres hijos de Moctezuma Xocoyotzin: Tzihuacpopoca, Xoxopahualoc y Tzihuactzin, además de su hija, a quien había tomado por mujer en varias noches.

—¿Dónde viven, Ocuilin, los príncipes, en qué lugar de ponzoñosas víboras? —me preguntó sin verme a los ojos mi señor. Nunca me veía cuando me hablaba.

—Dicen, señor, que en las afueras de la ciudad sus enviados cuentan que llevan una vida tranquila y que incluso se han alistado para estar en su nuevo ejército, que aunque son muy jóvenes, ya usted bien dijo que si pueden tomar una navaja, irán a luchar contra nuestros enemigos —le habría de contestar.

Yo no puedo decir que el señor se manchó las manos de sangre de más descendientes de Moctezuma, pero lo cierto es que no contaron las siguientes lunas los que la sangre de este monarca llevaban. Sus cuerpos fueron hallados en el canal y esto se tomó como presagio de la cercanía de los malditos tlaxcaltecas, que ya entonaban cantos de victoria, pues se iban acercando a la ciudad de Tenochtitlan antes que los teules.

Cuauhtémoc, ya convertido en Huey Tlatoani, mandó traer más niños para su ejército, repartió armas a los hombres, así como mantas y comida de las pocas armas que quedaban. Liberó a las fieras salvajes que tenía presas para darlas como alimento y también dejó vacía su casa de pájaros para que pudiera solventar a otras familias. Los del calpulli, armados, ya estaban listos a combatir y remover los puentes de los canales, a fortificar la ciudad poco a poco.

Pero tuve que llegar con más malas noticias hasta mi señor, más señor que antes o que nunca:

—Al regreso de Xochimilco, donde me envió, debo decirle que Malinche mandó colocar bergatines, como le llaman a esos cerros de madera que deambulan por el agua para sitiarnos. Están cerca, están ya por aquí. La batalla se espera por tierra y agua, las fuerzas las han recuperado.

—Así es, y listos estamos a defender nuestra casa —me contestó sereno, como si él mismo hubiera supervisado la puesta de los bergatines—. También noticias me llegaron del Calzonzin, huey tlatoani de los tarascos. Hasta allí llegó esa horrible enfermedad que mató a muchos. A ellos los han cercado también, lejos de nuestras tierras.

Entre tanto miedo, sin embargo, Cuauhtémoc ordenó que se celebraran sus nupcias con Tecuichpo, la antigua señora de Cuitláhuac, niña pequeña y muy hermosa.

—En sueños me fue revelado que la princesa mexica y yo encontraríamos juntos la vida y la muerte. Hermosa como ave azul ha de cuidar a los que nos sucedan y sigan llevando la sangre real de nuestra noble raza.

Paz no tuvo en lo absoluto el soberano Cuauhtémoc, a pesar de que ya ningún descendiente de Moctezuma habitaba su reino, pues el que llega al poder por medios ilegítimos es finalmente víctima de su propia ambición y soberbia. Nada importa que sus fines sean nobles, como los de mi señor: salvar a su pueblo. Lo cierto es que nadie lo recuerda así, hoy lo sé cuando yo mismo sufro mi soledad mientras cuido a Tecuichpo a quienes ustedes han bautizado Isabel de Moctezuma, y he visto crecer a sus hijos y más hijos de los dos españoles con los que la han casado como a una mercancía.

Corría ya el mes Panquetzaliztli cuando estos hechos se dieron. Vengar lo perdido encendería la mecha, esta vez, de los teules. Con habilidad ellos habían reconstruido los llamados bergatines, enormes piraguas, y se decía que por las faldas del Iztaccíhuatl cruzaban dispuestos a sorprendernos con la poca luz de luna que en esas noches alumbraría Tenochtitlan. Maravilla de vista habrán tenido los tan odiados cuando en la falda de la montaña pudieron observar los nueve lagos y nuestros templos otra vez limpios y medio reconstruidos. A su paso las fogatas se encendieron para que la noticia de su odioso arribo llegara de inmediato. Los que osaron caer por Calpulalpan fueron hechos prisioneros y Cuauhtémoc dio la orden de sacrificarlos de inmediato para Huitzilopochtli. Algunos fueron decapitados y otros de sus corazones expuestos. En cuanto a sus caballos, como nombran a los venados, de inmediato fueron sus cabezas separadas de los cuerpos, y con horror podíamos observar sus ojos de canicas.

En el palacio del poeta Netzahualcóyotl, en Texcoco, fueron recibidos en son de paz Malinche y su gente, pero los de allí de oídas ya sabían la desgracia de los pueblos que le habían servido, así que por la noche, mientras los teules descansaban, huyeron con sus hijos para salvarlos de los negros vaticinios. Los hijos llegaron a las faldas de mi señor y fueron acogidos, sin duda alguna, bajo las estrellas de Tenochtitlan.

En nuestros lagos las casas flotantes no dejaban que pescáramos. La comida escaseaba: ni maíz, ni pinole, ni chía. Las noticias de que habían destruido Xochimilco aterraron a la gente. Ya sólo esperábamos lo peor.

—Los hombres cobardes ya están cerrando nuestros canales, señor —le dije a Cuauhtémoc.

Se encontraba cerca de la ciudad el capitán Malinche, Cortés, quien se vio asombrado cuando le dijeron que el actual gobernante nada tenía que ver con la mansedumbre humillante de Moctezuma. Ya varios triunfos en Yecapixtla, en Tacuba y Chalco trían sus tropas, pero mi señor no se agüitaba y enviaba hombres y atrincheraba la ciudad. Sabíamos que existían despojos de estas ciudades, de los que se habían unido a los teules o los que habían muerto por rebelarse.

Desde las montañas hasta Xochimilco, entre las flores, se vieron rodeados de los guerreros que mi señor de inmediato había enviado. Una lucha obstinada que a punto estuvo de tomar como prisionero a Malinche, pero la lanza de sus capitanes lo salvó, como tantas otras veces.

Lo lamentable fue que por tierra no eran suficientes los hombres mexicas que combatieron al español Olid. Aun así la batalla fue nuestra y obligados a retraerse en el camino los españoles nos dejaron en paz otro rato. Corazones cautivos siguieron ofreciéndose a nuestros dioses. Algunos teules sí avanzaron y tomaron algunas casas de Tenochtitlan, en la parte donde ya no teníamos cosa o gente valiosa.

Venían así días de recogimiento para los extranjeros y Malinche dejó al frente a tres de sus capitanes, los más temidos por nosotros: Cristóbal de Olid; Pedro de Alvarado, el odiado Tonatiuh que tanto daño nos hizo en el Templo Mayor, y Gonzalo de Sandoval.

En Tenochtitlan Cuauhtémoc envió a algunos de sus mensajeros y a un guerrero ricamente ataviado con sus armas, a dar algunos regalos, pues le habían dicho que pronto se rendirían.

—Una propuesta de paz para tres días le aconsejaron sus guerreros a Cuauhtémoc.

Así envió mi señor mantas a Malinche y a los mensajeros, y este regaló una buena comida a los enviados, también los embruteció con sus bebidas y allí se quedaron esa noche y otro día. El encuentro se veía ya cercano. Sin embargo, la lealtad no es símbolo de ustedes los españoles, y la traición sí, por lo que mientras agasajaba a los que llegaron de Cuauhtémoc, mandó que sus ejércitos fueran directamente a donde se encontraba mi señor.

Los doce bergantines que tenía en el lago fueron enviados a donde nos resguardábamos. Nosotros, los guerreros más valerosos, algunas mujeres con sus hijos, Tecuichpo entre ellas, y otras personas nobles a la espera del día fatal.

—Señor, lo mejor sería que usted y su mujer e hijos se alzaran en una canoa, aquí será un blanco fácil para los teules —le sugirió uno de sus guerreros a mi señor.

—Los tenochcas están defendiendo con su vida la ciudad, están agotados. Me informaron que se dirigen al Templo Mayor, ya saben lo que nos provoca el ataque a lo más sagrado —se lamentó el soberano Cuauhtémoc.

—Señor, por si fuera poco, han saqueado casas, e incluso se llevaron lanzas y hondas que teníamos de resguardo —se quejó otro guerrero.

—Sí lo supe. Nuestros hijos están agotados, la falta de alimento y agua los ha minado. Los antiguos aliados se han vuelto contra nosotros dándoles a los blancos el tributo que antes nos daban. Los campos están abandonados por la guerra. ¡Tezcatlipoca, qué haremos! ¡Cuánto más resistiremos! —volvió el lamento al pecho de Cuauhtémoc.

Las afrentas eran diarias, no había tregua, los invasores venían con más fuerza y crueldad que antes, burlándose de la Noche Tenebrosa en la que ellos pensaron que morirían. Cuauhtémoc no dormía, sentía que los días iban restando vida a su pueblo. Yo, que todo lo había visto, lo que más temía es que aún me faltara más vida para ver la rendición del pueblo mexicano, en cada rincón de nuestra gloria. La invasión parecía no dar tregua, como la ambición de aquellos hombres en contienda; sabía que Cuauhtémoc también pagaría su propia ambición en carne viva.

Cuauhtémoc decidió tomar la Xiucóatl para combatir a los enemigos: la serpiente de fuego utilizada para la batalla de Huitzilopochtli, simbolizaba el Sol que a diario peleaba con Coyolxauqui, la Luna, y las estrellas. Salió, pues, en defensa de su pueblo el Huey Tlatoani, a pelear con sus propias manos, a defender el Templo Mayor, pero fue en vano porque los españoles ya se habían servido de todo lo que encontraron en él y al salir lo habían incendiado.

Transcurrieron así más de noventa días casi sin agua, en el cerco más doloroso que recuerde la ciudad, ni siquiera alcanzábamos a incinerar a los muertos, el olor a podredumbre era tan habitual, las mujeres cocinaban lagartijas, ratones o pieles de animales que encontraban heridos en el camino porque ni los animales se acercaban a nuestras moradas. Cuauhtémoc estaba desesperado como nunca, como el que más. Se reprochaba su viejo sueño de llegar a tlatoani para salvar a su pueblo.

—Señor de los hombres —llegó un enviado con la lengua seca y empapado en sudor—, las mujeres se han lanzado a la guerra también, los teules les están dando muerte sin miramientos.

—Suficiente, nuestros últimos pobladores —se lamentó mi Cuauhtémoc.

El señor entró en una de las canoas que tenía apartadas.

—Ocuilin, vete con Tecuichpo y sus hijos, cuídala con tu corazón, que es más grande que tu cuerpo. Y tú espérame, señora, que habré de honrar el nombre de los nuestros.

Así habló Cuauhtémoc tragándose sus propias lágrimas para no infundir cobardía o tristeza alguna a quienes lo rodeábamos. Y se lanzó en una canoa tras la nuestra con algunos guerreros y con las armas listas para el combate final. Pero el capitán Sandoval, uno de los tres a los que Malinche había encomendado la toma de la ciudad, nos tenía más vigilados de lo que Cuauhtémoc a él. Y siguió la chinampa con la orden de no hacerle daño al Tlatoani, pues Malinche esperaba encontrarse con él.

La piragua siguió su curso y Cuauhtémoc dio la orden de no rendirse y continuar el viaje a como diera lugar. Ahí los pensamientos del Anáhuac se le vinieron encima; el miedo y la incertidumbre, la fe y el deshonor, el dolor y la miseria. Esos escasos momentos de travesía se agolparon en la cabeza de mi señor, quien tenía la mirada tan fija que apenas podía saberse si seguía mirando algo en este mundo de los vivos o si ya había muerto para siempre.

Como no se detenían, el capitán español hizo señal de apuntarle a morir, y Cuauhtémoc entonces detuvo la marcha.

—Llévame, guerrero, a mí, que soy el señor de esta gran Tenochtitlan. Deja que los demás sigan su rumbo, que en nada les interesa. Ponme a mí de frente al que te ha mandado. Que será la hora de encontrarme con Malinche —le dijo mi señor al capitán teul. Este entendió sólo las señas y lo prendió en el acto.

Cuando el capitán Malinche vio a mi señor, no escondió su alegría y le dio un abrazo que Cuauhtémoc no recibió de buen talante.

Separándose le indicó a Marina, la señora que todo lo traducía, que lo siguiera en sus palabras:

—Merezco la muerte, señor Malinche. Porque mi pueblo ya está agotado y saqueado por tus hombres. Ya nada hay más que ofrecer. Toma el puñal que guardas en tus ropas y mátame. Preso no serviré para tus planes, y muerto quizá te dé más gloria. Estoy preso por la fuerza, nada más hay que hace —finalizó Cuauhtémoc, que bajó la mirada para no mostrar dolor alguno.

Cortés reconoció, quizá, la valentía de mi señor, así lo tradujo la mujer, Malintzin, a nuestra lengua. Le ofreció, zalamero, simpatía, y se acongojó como rata por el duelo que nos había causado. Que así es la guerra, pero los muertos tendrán las puertas del cielo abiertas. Eso repetía la mujer. Luego dio órdenes para que llevaran a comer a mi señor y a los suyos, tan pequeños y flacos nos encontró el capitán Malinche, quien así se apiadó al inicio.

Nosotros no escondimos el rostro lloroso y apesadumbrado. Este guerrero, en la fuerza de la edad, con un verdadero amor por su tierra y su gente llevaba la diadema roja raída y dejaba salir cabellos cortos sobre su rostro. Una cabellera del color de la noche sin luna —recortada en la noche en que mató a Moctezuma—, que no dejaba ver bien su pronunciado perfil. Como sacerdote sabía que era necesario acatar la voluntad de los dioses, como emperador el bien de sus súbditos había buscado sin éxito, y como guerrero ya preso no servía de mucho. La traición, el dolor, el hambre y la muerte se habían establecido en su Tenochtitlan sin tregua y sin dar pie a esperanza alguna.

Era cierto, en pie ya nadie ni nada quedaba, sólo el Teocalli y unas cuantas casas. La hermosa capital estaba en ruinas. La peste y la miseria se respiraban en los aires de la ciudad. La gloria de Cuauhtémoc era la de un sol moribundo: un águila en el ocaso. Esa noche jamás los cielos habían tronado tanto y el agua fue recia, ya lo he comentado. Tláloc lloraba desconsolado ante la caída de sus hijos que ya le daban paso a los extranjeros para habitar el que fuera el centro mismo del Anáhuac. Los lagos anegados, pero de cadáveres, y sus cabezas, se encontraban en todas las calles de la derruida ciudad. En esa noche de llanto, libres fueron los aztecas de salir o quedarse, y así, con nada en las entrañas y las mantas huyeron muchas mujeres y niños para encontrar la muerte quizá más adelante, no se sabe. Fuimos alimentados y tratados con bien por los teules, por lo menos así ocurrió al principio de nuestro cautiverio, mientras se llevaban a nuestro señor para ver a Malinche. Yo me atraganté con cuanta comida pude y le seguí la respiración a mi señor, que mi deber era.

¿Qué pasaría ahora con Cuauhtemoctzin, el águila del poniente? Ahora que tenía la certeza que el fin del Anáhuac era seguro. Sus aspiraciones de libertad y de salir con los suyos estaban sepultadas. La prisión era real, las cadenas serían reales, los ojos sobre él todo el tiempo eran verdad y Tecuichpo con sus hijos también estaban presos mientras otros levantaban una ciudad que les era ajena. Las casas, los palacios y los puentes de a poco servirían.

Pasaron muchos meses así. Cautivos de los teules, siguiendo las órdenes de Malinche. Este pidió a Cuauhtémoc que le ayudara a que los demás le hiciesen caso. Quería reconstruir la ciudad, limpiarla y, en lo posible, mejorar las lamentables vistas de tantos meses de guerra y del sitio último, tan doloroso.

Sin embargo quería oro. Sólo eso ambicionaban él y sus teules. Los soldados le pedían más oro a Cortés y seguros estaban que él se lo robaba y guardaba para sí. Malinche, en cambio, aseguraba que el escaso tesoro de Moctezuma había sido escondido por mi señor y se lo dijo en una visita:

—Señor Cuauhtémoc, ¿dónde pusiste el tesoro que resguardaba tu tío, el señor Moctezuma? —preguntó.

—Nada más existe lo que ya tienes, señor Malinch —le contestó tranquilo mi señor.

Pero los rumores corrían cada día, más grandes e imposibles. Se hablaba de cuevas enteras repletas de oro, y nadie decía, en cambio, que el tesoro lo había arrojado Cuauhtémoc en la noche que fue preso. Y fue cuando salió Malinche que tomaron por la fuerza a mi señor y se lo llevaron a Coyoacán, en donde, decían, sin quitarle la vida, habría de hablar de una buena vez.

Demasiado tiempo luchando contra los teules, demasiados días de ayuno y penuria. Ahora no quedaba otra salida que aceptar la prisión, el cautiverio. Llego así apenas al inicio de mi relato, en aquel momento y con las mismas palabras en que el señor de los hombres, último Huey Tlatoani azteca, Cuauhtemoctzin Xocoyotl, se preguntó allí, maniatado por sus cadenas, qué podría ser salvado en el mundo de lo perdido.

Nada.

Esa fue la triste respuesta: nada.

Así se lamentaba mi señor, escuchando un viejo canto en sus oídos, muy adentro: ellos vinieron a ser tlatoani, a tener mando en la tierra: eran plumas finas de quetzal, y se ajaron y palidecieron; eran esmeraldas y se hicieron añicos.

Así lloraba, y se compadecía de su pueblo.

He visto lo que otros han escrito. Yo no busco loa ni beneplácito para mi persona, que poca cosa siempre ha sido. Yo no deseo ni mendigo una mínima canonjía, ni dádiva de rey ni de señor alguno, que el mío, único, ya ha muerto.

Han roto las piedras con las efigies de mis dioses. Coyolxhauqui, la joven, en la que caían los cuerpos de los sacrificados, ha sido hecha añicos, como los otros. En su lugar construyen iglesia tras iglesia y sus frailes nos hablan de un futuro mejor, de un reino en donde todo será felicidad y perdón.

A mí tampoco me convencen con esas cosas. Y por eso no tengo necesidad de mentir. Yo voy a contar todo tal y como ocurrió. Así lo pensé desde el principio y así lo seguiré haciendo en las fojas que me queden por escribir. Esta es la verdadera historia de Cuauhctemoctzin Xocoyotl, el águila del crepúsculo.

Estos, los restos de sus días.

Y es, justamente por ello, que no pienso detenerme en los tiempos de cautiverio, en el calvario de los días transcurridos. Sólo hablaré de un par de cuestiones de esos casi tres años. Lo más triste o lo más cruel. Lo que revela la verdadera persona de Malinche o de mi señor mismo.

Lo demás debe quedar en el silencio, territorio de los humillados y los vencidos.

❁ ❁ ❁

Lo cierto, señores, es que esta guerra que ustedes llaman Conquista, fue obra y razón de Malinche, Cortés. De cada cosa tuvo noticia y todo lo permitió, incluso cuando se llevaron a Cuauhtémoc custodiado a Coyoacán. De igual manera Malinche concordó en aislarlo y prepararlo para que hablara sobre el dichoso tesoro de Moctezuma. Repito que la ambición es la perdición de muchos, y también lo fue de Cortés, que en épocas posteriores se lamentaría de lo que en esa casa había sucedido.

Los teules, deslumbrados por el oro desde su primer pie en nuestras costas, vieron con emoción su codicia colmada cuando tuvieron preso al señor Tlatoani Cuauhtémoc. Pero mi señor estaba ya muy cansado, hastiado y nada decía a lo que le preguntaban a cada dos segundos sobre el tal tesoro de Moctezuma. Doña Marina tenía mucho trabajo siendo la lengua de los mezquinos que, viendo en el suelo a Cuauhtémoc, lo amenazaban o bien daban explicaciones de por qué decirles dónde se encontraba el tesoro: le ofrecían libertad, o el chantaje tan frecuente en ellos salía a relucir con el peligro de dañar a la familia.

—Señor Cuauhtémoc —le decían—, nosotros los soldados de Cortés queremos que usted se encuentre bien, como en su casa. Pero necesitamos que nos diga dónde están los tejuelos de oro, doscientos al menos.

Los soldados de Cortés se hacían llamar cuando buscaban la gloria o se escudaban en el anonimato, daba lo mismo, el título les parecía superior a cualquier rango o distinción que ha inventado la ambición para cubrir su falta de aptitud. El capitán Malinche, en sus tareas de repartición y construcción de su nueva ciudad, se encontraba ocupado en Coyoacán con sus soldados y mujeres. Por supuesto que él también quería tener cerca al señor de la ciudad, que ahora ofrecía a su rey Carlos V. Su deber y su palabra habían sido tener a Cuauhtémoc acogido, mas este honor no sucedería así. Y eran estos ejércitos los que le exigían su parte del botín, porque lo que habían recibido les parecía muy poco.

Entre las paredes frías de la gran casa de Coyoacán, bien vigilado por españoles de poca valía, comía más poco que las aves que él tenía en el Totocalli, mi señor Cuauhtémoc. Su primo, el señor de Tacuba, Tetlepanquetzal, se encontraba más enfermo y flaquito que mi señor. Yo les tenía sin cuidado a ustedes, menospreciado quizá por mi tamaño, pero de mucho le servía a mi señor en esas horas aciagas. Él despertaba agitado y recordaba entre sueños la muerte de Moctezuma, el menor, y de sus hijos a quienes había ahogado o envenado. Esos traidores que por los invasores habían sentido tanto apego.

Recordó su encuentro con el rey Caltzontzin, zapato viejo, el gran señor tarasco, y el veneno que este, días antes de caer bajo los brazos de la terrible enfermedad de la virue la, como le decían los españoles, le expuso al hablarle del odio sobre los mexicas y el reinado de Moctezuma, y del de su padre y los emperadores anteriores. Habría de relatarme Cuauhtémoc:

—Ocuilin, un señor imponente y aguerrido ese Caltzontzin. Con mucho odio en los ojos. Aun así se sentía aliviado de nuestra próxima caída y su orgullo le impidió unirse para contraatacar a los invasores. Sin embargo, una duda sembré en él al decirle que sería primero Tenochtitlan y luego ellos. Después moriría por los granos en el cuerpo. ¿Tú sabes si han ido a esos lagos con los purépechas?

—Sé que el señor Cortés anda por las minas. Busca los caminos al mar y encuentra nuevas montañas y lagos para su corona —seguramente por esas tierras andará.

Los españoles tenían fuertes disgustos por el oro y la plata no encontrados. Así que fueron a donde Cortés y le exigieron que atormentara con el fuego a Cuauhtémoc. Muchos en la casa decían que el caído rey escondía el gran tesoro. Yo que lo conocía casi todo de él, sabía que la verdad era a medias, por lo que se trataba de una mentira.

Mi señor no temía por su vida, pero sí por la de su pueblo y su familia, por eso cuando había llegado ante Malinche le había pedido que dejara salir a la gente de Tenochtitlan que así lo deseara, misma que sería ocupada desde ese día por los teules. Por eso, a pesar de las penurias y los huesos y el hambre y el dolor, muchas mujeres y niños y grandes hombres ancianos habían abandonado la ciudad dejándola más triste de lo que sus ruinas la hacían sentir.

Cuatro días habíamos pasado allí en la que fuera la Gran Tenochtitlan, cuatro días de enterrar cadáveres y purificar el aire para que después, junto con Malinche y su ejército, fuéramos todos nosotros, bien vigilados, a parar a la ciudad de Coyoacán, que fuera de los Tepanecas y la conquista por nuestro emperador Itzcóatl.

Nomás llegamos cuando un gran banquete al que sí fuimos convidados se dio para nosotros. Un derroche de comida, desfiguros y palabrerías observé en esa celebración de los teules. Después vinieron los reclamos y Cortés quiso calmarlos. A nosotros nos mandaron a un cuarto grande y Cuauhtémoc pidió que con Tecuichpo anduviera pegado, casi cosido, para protegerla. Y así lo consintió el Malinche. Pero lo cierto es que andaba yo por la casa como quien nunca es visto.

—Los teules andan enojados con Malinche, ¿sabe qué encontré en un muro escrito con grandes signos y que doña Marina me tradujo? —platicaba a Cuauhtémoc, un poco para informarlo, otro para entretenerlo.

La lengua, Marina o Malintzin, me había tomado cariño luego de tantos meses juntos. O quién sabe, quizá sólo le era útil. Esta mujer merecería un tratado entero, pero no es el momento para escribir sobre ella, pues me distrae de mi empeño.

—Lo andan amenazando con el tesoro, señor, y contra usted van a ir.

—Ya nada me pueden hacer a mí. Mi alma ya está en paz con los dioses, y si he de visitar la casa sin puertas y sin ventanas, bien alegre lo hallaré —me contestó mientras se perdían sus ojos en el muro de piedra pintado con cal blanca.

101

—Pero nos quieren matar porque no encuentran nada, ¿qué nos pasará, Ocuilin? —me preguntó el señor de Tacuba.

El cuarto donde estábamos tenía filtraciones de agua que escurrían por las piedras; con el calor de esos meses el líquido se evaporaba pegando la manta a la piel. Una enorme cruz en el muro más grande nos vigilaba y afuera los soldados se disputaban el tiempo.

—Salgo, señor, para ver qué más encuentro en esta casa donde se respira la rapacidad y el hurto. ¿Estará usted bien? —me dirigí así a Cuauhtémoc.

Apenas terminaba de proferir palabra cuando entraron dos soldados y colocaron en el cuarto dos banquillos y una tinaja de aceite hirviendo. Cuauhtémoc volteó a ver qué acontecía y no dijo palabra, en cambio su primo comenzó a sollozar y a pedir explicaciones.

Ambos fueron sentados en unos bancos y agarrados de los brazos por dos soldados en cada flanco.

—Señor Cuauhtémoc, ¿así que no sabe dónde está el tesoro que vimos en el palacio de Moctezuma, aquellos tejuelos del tamaño de una patena, de oro puro? ¿Así que no sabe dónde están las joyas que ustedes portaban en días como el de Huitzilopochtli? —inquirió uno del Malinche, Juan de Aldarete, al tiempo que tomaba los pies de mi señor, descalzados y callosos, porque muchos días hacía que andaba sin calzado y sobre las piedras o sobre el agua.

—Nada que no hayamos entregado existe —profirió mi señor sin atisbo de temor.

—¡Quemen las plantas de sus pies, úntenlos de aceite! —respondió enojado—. Valen más tus doscientos tejuelos de oro que los tormentos del infierno. Hagan lo mismo con el señor de Tacuba.

Empezó el cruel tormento. Los pies de mi señor prestos a echar humo. Ardía su piel negra y él parecía no tener garganta. Sólo sudaba copiosamente.

La carne se iba achicharrando y sus pies comenzaron a inflarse. Las plantas del señor de Tacuba se llenaron de agua y luego reventaron para ser nuevamente quemadas sobre la piel que parecía viva, como si arrancaran capas para dejar el músculo rojo y blanco, abierto al viento como una flor ajada. Las de Cuauhtémoc ya se encontraban negras como el carbón para asar pájaros y sólo el sudor resbalaba por su rostro, por la cara de su primo lágrimas gruesas se deslizaban sin espacio.

Sé bien que el linaje y la sangre estaban en duda en ese momento, que mi señor quería demostrarles que no se doblegaría ni siquiera en el extremo de la muerte; el guerrero, al fin de una raza inquebrantable, callaba ante la crueldad injusta nacida de la ambición. En el Calmécac había sido instruido a soportar el sufrimiento sin gemir siquiera. Su primo, señor también de una gran tierra, debía permanecer valiente ante el acto inicuo. Mientras el ardor subía por los miembros de mi señor, este rumiaba la vergüenza antes vivida por Moctezuma, el menor; aquel a quien ni la vista podía perturbar, había muerto en sus propias manos y había sido ciertamente reducido a las cadenas y la pequeñez. A él un banquillo vil no lo iba a doblegar, aunque del calor se sofocara y la quemazón deshiciera su cuerpo poco a poco, convirtiéndolo en cenizas.

El tormento duró mucho, más de lo que cualquiera pudiera soportar, y palabra de boca de mi señor sobre el desdichado oro no salió. Entonces se doblegó su primo:

—Espere, señor, espere. Que quizá puedan buscar en la laguna, pues allí arrojamos sus armas y cuanto traíamos. El oro, por lo mismo. Puede mandar a sus nadadores para que recuperen lo que usted quiere —dijo Tetlepanquetzal llorando y francamente asustado.

—¿Acaso yo estoy en un deleite de temascal? —respondió enojado el señor Cuahutémoc, que ante el inminente dolor apretaba con coraje las quijadas, para no gritar.

Cuando se fueron los frustrados soldados y dejaron en el piso y lacerados a los dos señores mexicanos, Cuauhtémoc nos dijo:

—Más humillación sufro yo viviendo al lado del que me ha derrotado por armas. El que ahora es todo, el señor Cortés. Mi humillación así es más palpable y humanamente irreparable.

Ahí seguimos, en la recámara de Moctezuma, como bautizaron al cuarto los teules.

VII

Año 4 Conejo

Podría escribirse un libro distinto con esta otra historia. Un relato de crueldad y terror que coloca en toda su dimensión al tal Hernando Cortés, capitán Malinche, señor de nuestra muerte y nuestro dolor. Hijo del Sol y de lo funesto.

He decidido dejar aquí constancia de los hechos aunque en ellos mi señor haya sido sólo un enfermo, postrado, dolido de los pies asados, tullido que recibe sin gritar o quejarse las curaciones de un tal doctor Ojeda, médico que el Malinche le otorgó al verlo tan maltrecho.

¡Ah, mi señor... está lejos de lo que en este lugar va a ocurrir!

He aquí las palabras de los testigos, habitantes de esa casa, acerca de la Marcayda y Cortés.

Y he aquí lo que dijo, he aquí lo que relató esa mujer, oído de los otros. De este modo es lo que sabe acerca de esa extraña noche; dijo, declaró: de este modo es lo que yo sé de cuando el Malinche gobernaba allá en la antigua ciudad del agua. Iré con calma, algo que no he hecho en la vida.

Las mujeres, muchas y variadas, eran su sustento en la casa de Coyoacán, paseándose por las huertas. Una vez colgó a tres mexicas, a tres indios, dirían ustedes. Se armó gran alboroto. Veíamos los cuerpos ondeando en los árboles frutales. Se habían echado con doña Marina, como le decían ya a Malintzin, la lengua, y ese era su justo castigo. No se equivoca su capellán Gómara cuando escribe que Malinche era celoso con las hembras propias, y galán con las ajenas, condición de putañeros. Sólo enlistar sus hembras, las que pasaron por su cama en esos días, me llevaría muchas y muy ociosas fojas. Podría escribirse, ya lo dije, un libro distinto con esta historia. Y así lo hago aquí: transcribo y arreglo para mis fines unos documentos que robé de la criada de Catalina Juárez, la Marcayda, mujer de ingrata memoria para quienes la conocimos.

Y mujeres había en esa casa de Coyoacán del señor Malinche. Y mujeres volvió a haber cuando ella nos dejó para siempre y dio el alma a quien se la dio.

Mujeres preñadas, mujeres tomadas por la fuerza, mujeres echadas en el lecho del capitán Cortés. Madres e hijas. Indias y españolas. En la huerta paseaban su preñez o su desfortuna.

Hasta que llegó de Cuba, allende el mar, la esposa verdadera. Sí, la Marcayda. Esta es su historia: no la mía, no la de Cuauhtémoc. En las páginas siguientes el lector encontrará quién fue el hoy también muerto ya, Hernando Cortés, el infiel Malinche. Llegó la Marcayda y primero hubo juegos de naipes, y fiestas, y durante esos meses se mandó casar a varias de las mujeres del capitán Malinche: incluso Tecuichpo, o Isabel de Moctezuma, fue casada con un soldado que murió muy pronto. Pero la Marcayda sabía de las infidelidades de su esposo. Por ello vino de Cuba, a decir también que ese hombre que hoy tenía gloria y fama era suyo. Suyo desde antes de la guerra y de la que ustedes llaman Conquista; bien podría decírsele invasión. Pero de poco importan ya los nombres. Como de poco importa la justicia allí donde los hombres la dictan a su conveniencia. Lo único que nos queda es la memoria, razón que me ha bastado para escribir estas fojas hechas de su materia, de retazos de memoria que poco me alegran. Siempre, como ahora que escribo, me llenan de tristeza, me llevan a las lágrimas, me crispan de rabia y me incitan a la furia y a la acción. Pero soy muy viejo y muy poca cosa para actuar. Sólo me queda escribir. Y toca el turno a la muerte de la Marcayda, que ya se verá su triste suerte.

No hubo juicio. O sí, pero al final el juicio no tuvo conclusión alguna. Que lo siguiente sirva para conjurar el olvido. Un olvido que ya muerto sí padeció su cuerpo. De aquí para allá anduvo el cadáver de Cortés privado de toda la gloria que ambicionó en vida. Se me perdonará, entonces, que deje casi por completo mi voz para que hable aquí la criada de la infeliz mujer del Malinche, quien así confió en esos papeles lo que ahora relato y de lo que tengo pruebas escritas.

❂ ❂ ❂

Así hablaba su criada, María, en esos documentos. La primera cosa que digo, declaro, es:

—Por fin encontró, la Marcayda, la cura para su desamor de varios años: la muerte.

Ella se enteró con sorpresa y pesadumbre de aquel hecho, cuando el fiel mayordomo del capitán Malinche le pidió, de golpe, una mañana:

—Sube presta, María, que corresponde a ti dar el último servicio a tu señora, amortajarla y darle color a sus mejillas para su postrera morada en esta tierra.

Así le pidió con una sarcástica y nerviosa sonrisa Diego de Soria, el mayordomo, a la criada más cercana de la tal Catalina Juárez de Marcayda, mientras esta se empinaba un pote de leche bronca, un vicio recién adquirido con las vacas traídas de Castilla a la casa de Coyoacán del gobernador y capitán general de Nueva España: Don Hernando Cortés, capitán Malinche.

—¿A qué se refiere, don Diego? —le dijo mientras de un manotazo la señora María de Vera se limpiaba el bigote blanco sobre el labio, la más cercana y confidente de la mujer de Cortés—. ¿Qué tiene la señora Catalina?

—¿Qué no entiendes, mujer? Que está muerta, tonta, que subas porque el señor Cortés no quiere ni verla del desconsuelo que tiene. Le voy a llevar un jerez porque va a desfallecer del dolor mi señor —le decía el apurado regordete al tiempo que le daba un sorbo a una botella de grueso cristal y luego servía un poco en el vaso.

—¡Cómo que muerta, don Diego, si hace rato estaba buena y bailadora! ¡No me lo creo!, ¿qué pasó? ¡Oh, Dios, qué desgracia! —le gritó María de Vera al tiempo que se arreglaba el delantal y el gorro y salía despavorida de la cocina.

—Espérate, mujer, que tú no puedes llegar con esa cara de espanto con don Hernando, no digas nada hasta que él te cuente lo que le sucedió a su esposa. ¿Me comprendes? El señor está tan desesperado que dice que la Marcayda sólo está desmayada. Pero yo la vi con los ojos bien abiertos y salidos. Anda, toma una vela y llévate a Ana y a mi mujer —le indicó el mayordomo al tiempo que la apuraba empujándola por los hombros.

Así lo hizo la criada rubia y de no más de cuarenta años que cuando se agitaba enrojecía sus mejillas. Llamó a las otras dos mujeres de la gran servidumbre de la casa de Coyoacán y se dirigieron con candelabros en las manos, tomando sus largas faldas de las puntas, para no tropezarse y caer en la penumbra de la madrugada de la noche. Un primero de noviembre de mil quinientos y veintidós, según se refiere en el legajo del asunto que aún guardo.

Cuando llegaron al cuarto todo estaba a media luz y el señor Cortés tenía entre sus brazos, algo tosco, el cuerpo desfallecido de Catalina. Sentado sobre la cama, los velos del dosel impedían ver la escena completa que quienes llegaron allí sólo imaginaban, la de dos amantes desfallecidos entre la seda blanca.

—¡Acerquen más luz, rápido, que creo que la señora Catalina está amortecida! —les gritó a las criadas con voz entrecortada y débil el señor de la casa.

—Desde luego, señor, ¡Dios mío!, ¿qué pasó, qué tiene mi señora? —preguntó la siempre irreverente mujer de Soria.

—¡Toménla y traigan agua, y socórranla como puedan! ¡Dios Todopoderoso! ¿Qué ha pasado? —salió así el señor Cortés con aire desencajado de la habitación para irse a la capilla, en donde se puso a llorar desconsoladamente. Tan fuerte lloró que todos en la casa lo escuchaban. Y sobre el lecho nupcial dejó el cuerpo inerte de la señora de largo, con su enmarañado cabello del color de la miel. Efectivamente tenía los ojos saltados como dos grandes bolas, y de la boca dos hilitos de saliva colgaban, como si fuesen hechos de la misma espuma que la de sus galgos famélicos. Su piel, quizá por la media luz de la recámara, se veía grisácea.

—¡Madre Inmaculada! ¿Qué tiene la señora? Está muerta, bien muerta —lloró María, mientras Ana comenzó a recoger del piso las cuentas de un collar color negro azabache. Algunas bolitas estaban rotas, otras seguían rodando en las esquinas.

—Llamemos a algún hombre que la cure, algún indígena, alguna medicina —seguía lloriqueando la mujer de Soria.

María vio a Ana Rodríguez hincada, guardando dentro de su delantal las cuentas del collar que esa tarde se había puesto la señora Catalina para la fiesta que había ofrecido a sus amistades. Le clavó la mirada en señal de que no profiriera palabra sobre lo que estaba pensando, y que ella, por supuesto, también pensaba. Ana bajó la mirada como con vergüenza y se guardó las cuentas en la bolsa de sus faldas para a continuación descalzar a la señora de sus zapatillas de cama.

La mujer de Soria se apresuró a ayudar a María a acomodarle los cabellos a la señora, los recogió y dejó al descubierto el cuello blanquecino y lleno de pliegues, por la rebosante figura que sólo la buena vida le había otorgado a Catalina Juárez en los últimos tres meses desde su llegada de Cuba. Entonces, justo en donde se sostenía la cabeza, descubrieron con horror marcas amoratadas que parecían las de unos dedos que oprimen la piel muy blanca.

—¡Ah! —gritó María, asustada, soltando el cuerpo sin vida de su dueña sobre la cama, que tenía revueltas las mantas.

Las tres criadas se acercaron, velas en mano, para examinar las marcas en el cuello de la señora. Así era: a la luz cercana, la piel de la señora parecía delatar lo que allí había acontecido. Las tres mujeres se persignaron rápido y se alisaron, nerviosas, las faldas:

—¡María, la cama está mojada! ¡La señora se murió de miedo antes de morir de su muerte! ¡María, están orinadas las mantas, huele! ¡Qué desdicha, oh, virgen del Rosario! ¿Qué hacemos, qué decimos?

La menudita Ana se soltó a llorar desconsolada y en clara temblorina sobre las faldas de la mujer de Soria. Nada podían decir. Nada a los otros, aunque a mí me confió finalmente María varios años después unos papeles de su puño y letra donde relata también lo que sigue:

—Cálmate, Ana, y retira las mantas sucias. Cálmate ya, que no sabemos lo que nos pueda pasar si hablamos. No hagamos drama. Recuerda que tu amo es el capitán general. Nada más acuérdate de ello cuando recuerdes lo que has visto hoy. Y pásame el cepillo que está sobre la cómoda. Tiene todo enredado el cabello, como si fuera telaraña. Mi señora, que tanto cuidaba su hermoso pelo y que nunca ni un nudo se atrevía a desafiarla, precisamente en su postrera morada con esta facha de pelos sin arreglar.

A la más cercana dama de compañía, a la criada María de Vera, quien la había acompañado desde Cuba con su familia, grandes lagrimones le caían de uno en uno, lentos y con sollozos, sobre sus mejillas rosadas, para ir a detenerse en la nuca de su ama, a la que comenzó a cepillar con gran cariño pero con la mano falta de pulso, como si ella hubiese también muerto allí.

Las otras dos criadas recogieron las cosas que el señor había tirado por el suelo en su salida estrepitosa de la habitación para dirigirse a la capilla, en donde aún se escuchaban sus lamentos y los consuelos de su mayordomo y algunos criados o soldados que igual allí lo socorrían sin saber del todo lo que en las habitaciones privadas había acontecido.

❂ ❂ ❂

Años ha que había conocido a Catalina Juárez de Marcayda cuando el señor don Hernán Cortés aún no era nadie, ni capitán de nada. En su arribo a la isla de Cuba, 1514, agradecido se sentía Hernando Cortés de que le hubieran otorgado algunas tierras de indios y que estuvieran al cuidado de ellas, junto con su compañero de viaje trasatlántico: Juan Juárez, por algún tiempo. Juan era un castellano más bien chaparro y de pelo ensortijado y rojizo que, al igual que él, tenía grandes esperanzas de superar la suerte de su origen: una cuna pobre y de mal agüero. Así, con sólo un cargamento que en una mano les cabía, los dos servidores del rey Carlos V, los dos jóvenes y aventureros, veían en las nuevas tierras un futuro más promisorio que el que su linaje en España pudiera concederles.

Para el año de 1514 se encontraban en Manicarao, lugar donde el Sol pegaba todos los días, y hermosas mujeres de piel de avellana y perfumado cabello de mar paseaban siempre alegres. A los diecinueve años la vida se desborda y, como chupaflor, el soldado Hernán susurraba a las damas hermosas que podía, cosas en latín que luego les traducía con voz melosa ya más cerca de sus carnes y favores. Y con una, en especial, porque a pesar de tener varias los de su clase siempre prefieren a alguna por sobre todas, estuvo pasando las noches de cielos despejados y sopor que no daban lugar a usar ropas. Con ella, mujer de piel más canela que las demás, india del lugar y hermosas caderas, estaba, cuando su compañero de juego, de armas y de vida llegó radiante de alegría a comunicarle que su familia, venida de Castilla, acababa de arribar. Tres meses había tardado el barco salido de España en altamar y no le habían dicho nada por darle la sorpresa, sobre todo porque era su santa madre, bendita entre todas, y sus hermosas hermanas menores, y solteras, las que llegaban a hacerles la vida más llevadera, le dijo a su compañero. Una de ellas: Catalina, es una delicia que además de buena estrella tiene por ventajas las dotes que adornan a una gran señora. De esas señoras que lo son de verdad. Con decirte que un astrólogo le dijo a Catalina, en un paseo por la ciudad de Castilla, que ella sería esposa de un gran hacendado y que los amparos que una aristócrata pudiese tener, ella los disfrutaría. Esa noche que llegó a interrumpir Juan los placeres de la juventud y la lujuria a los que Hernán ciertamente ya se había acostumbrado, el señor Cortés sólo sonrió pensando en que no estaba de más poblar con más sangre española aquellas tierras lejanas de su país. Bienvenidas sean las señoras Juárez y su madre doña Marcayda, dijo en voz alta Cortés para empalagarse de nuevo con las voluptuosidades de la india, obligando a su amigo a retirarse, por pudor, a sus aposentos. Todo eso me lo refirió a su tiempo María, la criada, cuando yo hablaba ya castilla y estaba al cuidado de Tecuichpo, a quien ella misma tenía mucha estima.

Desde que llegó Catalina, Cortés hizo honor a su acepción y de lisonjas y eternos piropos llenó a la joven, que se vio adorada, y entre remilgo y remilgo sonrisas le prodigó primero, luego siguieron algunos besos y caricias cuando Cortés, caprichoso como era, se empeñó en obtener sus gracias. Doña María Marcayda vio con agrado el cortejo del joven español y aún con más agrado dio su consentimiento para que el gobernador de la isla, Diego Velázquez, rondara a su hija menor. Sus propósitos de casar a sus hijas con prominentes hombres, al fin no estaban tan lejos de hacerse realidad: no eran de noble estirpe los señores, pero sus ambiciones prometían vidas aseguradas. Y eso buscaba ella, y sus hijas también. En España no tendrían oportunidad de aspirar a una familia acomodada pues descendientes de criados eran ellas y su esposo, que había muerto cuando su hija María tenía menos de cinco años y la más pequeña ni un año había cumplido; apenas les había dejado para vivir con decoro y con una sirvienta: María de Vera. Así que los dos pretendientes de sus hijas eran un premio de la vida.

Pues fue el señor Cortés muy persistente en buscar a Catalina, y mientras ella se decidía a creer en sus promesas de amor eterno, el joven Cortés consentía a su mujer india, que pronto le daría a su primer vástago. A sabiendas de sus deseos de aventura y por no ser una mujer española, ni siquiera se pensó en matrimonio; sin embargo, él se encontraba feliz compartiendo su lecho, de vez en cuando, con la mujer que daría a luz el resultado de su amor lejos de tierras de Castilla.

Doña Catalina se enteró del romance clandestino una tarde en la que buscó a Hernán Cortés hasta por debajo de las piedras. Juan, que andaba distraído, le indicó que a veces se iba a ver el atardecer en la cuesta. Allí encontró en plenos amores a su pretendiente y a la bella india que a punto se veía que daría a luz, lo cual no le evitaba ofrecer placer a su mancebo.

Nada dijo Catalina Juárez, que regresó a su casa tan rápido como pudo y se encerró en sus aposentos sin querer hablar con nadie. Días después, Cortés se presentó de nuevo a galantear a la española, y esta, después de hacerse la enojada y digna, accedió a besarlo. Los rubores se le subieron al rostro y dejó que el joven imperioso diera rienda suelta a sus instintos combinados con palabras de amor eterno si Catalina por fin accedía a sus peticiones juveniles. Y así le dio Catalina los anhelados favores a Hernán Cortés, quien otra vez, ufano, había triunfado sobre el recato de las cristianas damas. Catalina anunció a su hermano, hermanas y madre, así como al propio Diego Velázquez —que muy seguido se encontraba en su casa— las buenas nuevas de su próximo enlace con el joven de futuro promisorio y de gran fuerza: Hernando Cortés.

¡Qué decir que el soldado español después de esa tarde con Catalina dejó de frecuentar la casa de los Juárez para entumirse otra vez en los brazos de su india que había dado a luz a una hija de maravillosos ojos negros!

Meses pasaron en los que Cortés evitó a Juan Juárez y a sus mujeres, y se dejó adorar por su otra familia. Mientras, Catalina se negaba a probar bocado, tres veces se había desmayado por la falta de alimento, de sol y de ganas de vivir. Su madre estaba muy preocupada y sus hermanas maldecían al que le había prometido casamiento y una vida honrosa.

❀ ❀ ❀

—¡Cuántas desdichas, si no habré visto yo, le hizo pasar el señor don Hernán Cortés a mi señora Catalina! —me decía siempre María de Vera—. ¡Qué más da su muerte, señores, si desde que apareció en la vida de los Juárez Marcayda fue ave de mal agüero, igual que lo fue para los reyes aztecas y para tantas otras mujeres! —habría de decir

Ana Rodríguez en el juicio, seis años después de la muerte de la Marcayda. Juicio que no prosperó a pesar de tener cinco testigos de vista y dos de oídas.

❊ ❊ ❊

El señor Cortés, en medio de su congoja, pide que de inmediato se mande —con sus artesanos de más confianza en la pequeña población de Coyoacán— a fabricar un ataúd para la señora. Para entonces, el otro día se asoma y la madrugada es fría como pocas noches del otoño.

—Lo quiero antes de que amanezca —recrimina limpiándose las lágrimas—; antes de que salga el sol sepultaré a la señora Catalina, que no puedo más de dolor. ¡Que no pasen más de dos horas para que me traigan esa caja mortuoria! —dicta don Cortés a su mayordomo, Diego Soria. Él a su vez instruye a dos criados en la urgente tarea.

Hernando Cortés se dirige a sus aposentos, donde las tres criadas llorosas y con el pavor en la cara, apenas si miran a los ojos a su amo y señor.

—¿Qué hacen, que no la han preparado? Rápido, que la señora ya no debe penar en este mundo. En poco llega el ataúd y necesita que la amortajen. Que no han hecho nada —sentencia sobre todo a María que parece estupefacta cepillando una y otra vez a su señora inmóvil.

—Señor, tiene marcas en el cuello. ¿Qué ha pasado que muere así sin enfermedad ni apuro? —pregunta al capitán Cortés la rolliza Ana, que por su juventud es más irreverente que las otras dos señoras.

—Nada ha pasado, Ana. Ya sabemos de la frágil salud de la señora. Y los desmayos que en ocasiones se han presentado. ¿No es así? Yo creí que se había desmayado porque se soltó los vestidos y se puso el camisón, y cayó así, amortecida. Quise que volviera en sí y respirara por eso las marcas. La desesperación de encontrarle aliento me hizo sacudirla. No hay más que explicar. ¡Oh, pobre señora mía! Tan poco tiempo nos dejó nuestro Señor disfrutarnos. ¡Rápido, María, cámbiale los vestidos!

—Señor, es que estaba también orinada. Como cuando uno tiene accidentes por el miedo —seguía la criada María, nerviosa ante el señor Cortés.

—Sí, seguramente en su desmayo sufrió de tal hecho. Cámbiala y amortájala en este instante. Ya habrá tiempo de llorarla, ahora debe descansar. ¿Me has entendido? —Cortés le ordena así al tiempo que sale apresurado de la habitación y no emite sollozo alguno, como si de golpe se hubiesen acabado sus sufrimientos.

Después que cambiaron los vestidos y amarraron sus cabellos con una trenza y un moño hermosos, entró para ayudarlas Diego Soria. El mayordomo les volvió a pedir templanza.

—Señoras, ¡no hagan aspavientos! De lo que no están seguras no digan que sucedió, ni especulen con lo que sus ojos imaginan. Miren que yo duermo al lado y nada pasó que sea necesario confesar ante Dios nuestro Señor —les dijo don Diego mientras ayudaba a poner el cuerpo sobre la cama ya hecha. Cruzó las manos de la señora en posición de oración y entre sus dedos enlazó un rosario. Mientras llega el ataúd, llevémosla a la capilla para rezarle unas salves y un padrenuestro ante el altar de la virgen Inmaculada.

—Sí, don Diego, pero ¿no la vamos a velar tal y como Dios manda? ¿Y si su cuerpo reviviera, ya que ella sólo desfalleció, como en verdad dice el amo Cortés? ¿Si volviera en sí como de milagro? ¿No es de buenos cristianos tener al muerto tres días en casa para darle santa sepultura bien llorada? ¿Y qué con la misa, don Diego, no le estará permitido a sus hermanos y madre ofrecer una ceremonia de cuerpo presente? ¿No le avisamos a don Juan para que vele y se despida de su adorada hermana y...? —así hablaba atropelladamente María al tiempo que tocaba el aún tibio cadáver de la Marcayda, Catalina Juárez, como se llamó en vida.

—¡Cállate ya, María, que no es prudente que una mujer hable tanto! Hazme el favor de obedecer lo que te indico y deja para después tus dudas y sugerencias —así la regañó don Diego para terminar diciéndole a su esposa—: Mujer, ven. Ayuda a María, que está muy nerviosa. Dile a Yaoccin que traigan la mesa del patio y la coloquen en la capilla. Corta flores de inmediato y un ramo de huele de noche para que la velemos esperando a que lleguen los carpinteros. Así ordenó el mayordomo a su esposa. Esta se movió apenas pesadamente, pues su cuerpo tenía dimensiones más extensas que el ancho de la puerta.

Llevaron entonces a la capilla a la señora Catalina con un largo vestido blanco y las manos entrelazadas y atadas por un rosario. Flores de la huerta pusieron de manera improvisada. Algunos cirios prendieron en la capilla que olía a mentira, narraba María mientras me entregaba unas hojas con la historia que aquí refiero apenas por temor de irme lejos de mi verdadera historia, la de mi señor Cuauhtémoc.

Una vida de tormento llevó esta mujer. Porque después de que el señor Cortés no se quiso casar con la señora Juárez a pesar de su palabra empleada, el señor Velázquez montó en cólera y de inmediato lo mandó a encarcelar, amenazando con mandar a ahorcarlo por su comportamiento de poco caballero con una dama española. Esta aprehensión se debió a que el gobernador de la isla ya andaba en amoríos con Obdulia, la hermana menor de Catalina, y esta le pidió como favor de enamorados que presionara al tal Hernando Cortés para que cumpliera sus compromisos. Y ya en la cárcel, solo, humillado y con peligro de muerte, don Hernán Cortés accedió a pedirle formal matrimonio a Catalina para casarse el domingo de Ramos en la Iglesia de Cuba. De mala gana, de muy mala gana porque el señor, si algo no toleraba, era realizar contra su voluntad acción alguna; aun así tomó por esposa ante los ojos de Dios y por siempre, en 1519, a la señora Juárez. Doña María Marcayda respiró en paz y pudo seguir con sus planes de acomodar a sus otras hijas en buenas casas. Don Diego Velázquez accedió a apadrinarlos, y como regalo de bodas nombró alcalde de la ciudad de Santiago al señor Cortés y le dio un buen repartimiento. Al cuidado de sus plantíos y animales, haciendo prosperar rápidamente sus bienes recibidos. Hasta parecía que era totalmente feliz y bendecido. Mientras en realidad doña Catalina sufría horribles tormentos por las constantes salidas del lecho nupcial del señor Cortés, así como sus reclamaciones y humillación por no darle hijos tan rápido como la noche de bodas había concluido. El matrimonio no frenó al señor Cortés, que siguió frecuentando a su otra familia, y además se decía que visitaba casas y chozas de otras muchas diferentes mujeres, desdeñando a la que tenía en casa y en su cama por orden de Dios; así lloraba al recordarlo su criada cuando me hablaba del hecho. Y no hacía otra cosa que hablar de lo mismo. Estaba segura de la culpa del Malinche.

Inquieto, pues, se encontraba el señor Cortés. Ya nada le entusiasmaba de aquel lugar que había recorrido de punta a punta. Y sus deseos de aventura comenzaron a picarle nuevamente el orgullo al enterarse de que Hernández de Córdoba y Juan de Grijalva cosechaban nuevas vidas en tierras jamás imaginadas. Una noche en que lloriqueaba Catalina por ser nuevamente despreciada en el lecho nupcial, y sobre el que después de tanta lágrima se había quedado sin aire, decidió harto Hernando Cortés, el capitán Malinche, que seguiría con los planes de juventud valiéndose de su cercanía con otros hombres para después hablar con el gobernador Velázquez, al que no le parecieron sus deseos de abandonar hogar, tierras y dotes otorgados por las intercesiones de él mismo, cosa que de cualquier forma poco importó.

Cortés sabía cómo actuar. Así, antes de que Velázquez intentara nuevamente encarcelarlo, pidió la venia de la Corona para conquistar tierras en su nombre y en el de Dios, y partió con naves, hombres y firmes intenciones de no regresar al fastidio de esa isla tan asfixiante. A Catalina la dejó con la promesa de regresar por ella cubierto de gloria, si las condiciones de la nueva tierra eran propicias para su condición de señora. Catalina lamentó infinitamente el abandono de hogar por parte de su esposo y no haber podido siquiera darle un hijo, a fin de que le hiciera compañía en los días que vendrían sin la protección de él. Las fechas para la fiel criada se detienen en esa partida el dieciocho de febrero de 1519, según su calendario. Su madre la tomó bajó sus faldas otra vez, no sin cobrarle con reclamos y burlas cada día que pasó desde esa partida hasta la milagrosa carta que habría de llegar un mes después del trece de agosto de 1521, tres años y medio más tarde. Unas cuantas palabras que le devolvieron la salud y la esperanza a la señora Catalina de regresar a su condición de señora, recuperar a su marido, formar una familia y sobre todo huir de esa isla en la que los Juárez habían pasado a ser no bienvenidos por su parentesco con el señor Cortés. Pues las noticias de sus grandes aventuras, de sus conquistas, esclavos y tierras descubiertas tenían enfurecido al gobernador don Diego Velázquez, quien varias veces había intentado en vano capturarlo.

La carta parecía escrita por la mano de un moribundo que busca el perdón y la absolución de sus pecados para poder llegar limpio a las puertas de san Pedro. Cortés había perdido todo, y casi la vida, en la que llamaba la noche más triste y oscura para los españoles. Los aztecas les habían ganado la batalla y obligado a salir de la ciudad de Tenochtitlan. En ella pedía perdón de rodillas a su esposa por haberla abandonado a su suerte y le prometía que, en caso de salir con vida de tan ingratas tareas, la colmaría de respeto y cuidados. Como esta carta llegó muchos pero muchos días después del día lúgubre señalado, las noticias se habían adelantado al papel y sabíamos que el capitán de la encomienda, Cortés, se encontraba a salvo y planeando una nueva ofensiva que pondría fin a la conquista. La señora Catalina nunca estuvo tan excitada y feliz planeando su vida en las tierras prometidas.

Si hubiese sabido lo que le esperaba aquí, en la antigua Tenochtitlan —ahora llamada por ustedes Nueva España—, quizá nunca hubiese embarcado. Así ocurre a quien toma lo que no es suyo. Eso pienso yo, Ocuilin, tantos años después, mientras escribo ya muy cansado estas fojas del dolor y la amargura.

❂ ❂ ❂

El ataúd ha llegado, señor —informó don Diego de Soria a Cortés, que en la absoluta oscuridad, taciturno, repasaba lo que acaeció esa fatídica noche.

—Encárgate, Diego, quiero que la guarden de inmediato y que claven como si fuera cofre ese ataúd. Si es necesario soldarlo con oro, hazlo, pero no quiero que entre ni una ventisca de viento por orificio alguno a su morada mortuoria: que la resguarde hasta la eternidad —contestó con voz grave y pausada el señor, que en su sillón de alto respaldo se encontraba casi inmóvil, descansando.

—Lo que usted ordene, don Hernando. —Y así, con una leve reverencia, se retiró el fiel criado del capitán general.

—Señores, por favor, cierren el ataúd, que ya dispuse el carruaje para salir hacia la iglesia antes de que el sol nos deslumbre, y así enterrarla en el atrio —ordenó don Diego a todos los criados presentes que en la capilla rezaban oraciones sueltas interrumpidas por sollozos.

—¡Señora, ampáranos! —sollozó Ana Rodríguez abrazándose al cadáver de Catalina Juárez de Marcayda.

La señora de Soria le dirigió a su marido una terrible mirada de reproche y nada dijo, sino que con toda su humanidad ayudó a cargar a la señora Catalina para ponerla dentro del ataúd. De inmediato los tres señores que habían llevado la caja, la atornillaron y levantaron para llevarla a donde esperaba el carruaje.

Salió el señor Cortés y le pidió a don Diego Soria que lo acompañara nada más él porque estaba harto de las otras mujeres plañideras, eternas desconsoladas.

Al llegar a la iglesia hicieron sonar una campana en la pequeña e improvisada sacristía de la que salieron dos frailes que le pidieron a Cortés tiempo para proceder con el funeral. A lo que él les contestó con toda la autoridad conferida sobre lo político y religioso que sucediera en sus tierras conquistadas:

—¡Quien no proceda de acuerdo a lo por mí estipulado, lo pasaré bajo las armas por traidor!

—Señor, que de esta muerte nos enteramos ya hace unas horas porque aquí en Coyoacán corrió desde luego la noticia de que usted le dio muerte a su propia esposa. Incluso han venido algunas personas que bajo secreto de confesión piden que se esclarezca el hecho.

—¿No sería mejor abrir el ataúd y que todos en Coyoacán pudieran comprobar que usted no tuvo asunto en esta lamentable muerte?

119

Así se dispersarían las dudas y rumores mal intencionados, señor —sugirió tímido el otro fraile.

—Repito que sólo mis enemigos buscan siempre injuriarme. Que ellos mismos vengan y me lo expresen de una vez, pues yo tengo prisa de llorar la sorpresiva partida de mi fiel esposa —contestó ya iracundo el señor don Hernán Cortés.

El mayordomo Diego Soria dio unas palmaditas en el hombro a los frailes para que se animaran a ejecutar las órdenes.

Antes de que se escucharan las oraciones de la aurora, el entierro se había efectuado en el jardín frente a la iglesia y sólo un misterio del rosario se había ofrecido para pedir por su santa ánima, antes de que Hernando Cortés levantara el camino.

En la cocina de la casa los criados se reunieron a tomar en pocillos alguna agüita de hojas de limón para tranquilizarse. Ya ninguno tenía sueño y las mujeres seguían gimoteando. Allí llegó visiblemente cansado don Diego Soria y también aceptó la bebida que sólo a pequeños sorbos se podía tomar porque estaba hirviendo. Ya algunos gallos más tempraneros que otros habían comenzado a canturrear el nuevo día. La primera estrella, Venus, se asomaba en el oriente y parecía que con la luz se iría borrando la noche de pesadilla vivida tras las paredes de esa casa, me relató en sus palabras la fiel criada de la difunta.

—¿Qué ha pasado? ¿Por qué nadie me dejó salir de la recámara?, ¿qué hacen levantados con el alba? ¡Qué desesperación, Dios mío, no saber nada y no poder salir a enterarme! ¿Qué es eso que tenía tan angustiado a don Cortés e hizo que me prohibieran auxiliarlo para no entorpecer las tareas? —así berreó don Juan Juárez a quien por fin los soldados vencidos de sueño habían dejado en libertad tras un encierro de horas en su recámara.

—¡Oh, señor, si usted supiera la pena que nos acongoja, ¡oh Dios, pobre de usted, qué lamentable! —sollozó María de Vera que tanto aprecio le tenía a Juan por haberlo tratado de toda la vida.

—¿Qué pasa, María, por qué esas caras de funeral?—contestó intrigado Juan. Y en ese momento alcanzó a sostener a la fiel María, que se arrojó a sus brazos llorando ahora sí a lágrima viva y con el pecho constipado.

—¡La señora, señor, la señora Catalina está muerta, y muerta se quedó en su ataúd! ¡Nunca más la veremos! Como dice don Diego, ya no sufrirá más por el abandono y el desamor de su marido. Pues en total paz se encontrará en el reino de los cielos.

—No entiendo nada, María, ¿qué pasó, don Diego? ¿De qué habla esta mujer, que poco le comprendo? —le preguntó Juan al mayordomo, que no podía levantar la mirada del piso.

—Señor, sentimos todos, mucho, su lamentable pérdida. Ayer por la noche su hermana falleció y todos le ofrecemos nuestro muy humilde pésame —contestó con voz muy baja y apenada el señor Soria, quien abrazó en ese momento a su mujer que comenzó a llorar así también, como dicen ustedes, a lágrima tendida.

—No puede ser cierto lo que sus palabras osan decirme. No es cierto, porque ayer, buena y sana, la dejé de ver cuando se levantara intempestivamente de la mesa tras la cruel broma de su esposo. Incluso subí a consolarla y me pidió que me retirara porque haría oración para recobrar el sosiego. Pero no tenía ningún malestar ni cosa física que la atacara. Únicamente el consabido rechazo y humillación que ya era costumbre en su matrimonio. ¿En dónde está, quiero verla, a lo mejor no está tan mal? Díganme, voy a su recámara, oh Dios.

—No, señor, espere —dijo Ana Rodríguez limpiándose las lágrimas con el delantal, que ella ya está muerta y enterrada, apenas fresca estará bajo la tierra en la santa sepultura. Ya no es posible verla señor, ya nada podemos hacer.

❂ ❂ ❂

Catalina, presta y ansiosa por incorporarse a su nueva vida, había organizado todo para embarcar a su familia hacia la nueva tierra. Un barco saldría muy pronto para llevar españoles de la isla y otros hombres que ayudaran a la reconstrucción de la ciudad de Tenochtitlan, y a poblar la tierra que sería bautizada como la Nueva España, órdenes todas del capitán Malinche. Esperando el barco en el río Ayahualulco, arribaron primero que el barco las noticias a Cortés, por la vía de Gonzalo de Sandoval —que en Coatzacoalco se desempeñaba en el nuevo ejército al servicio del rey— de que en el barco también viajaban su esposa, su suegra, una cuñada y su cuñado.

¡Tremenda rabieta hizo Cortés cuando escuchó las nuevas! Apenas había sentido como suya a la indígena Marina, pues esta acababa de dar a luz a un hijo varón muy parecido a su hermosa madre, quien sería llamado Martín Cortés. Por fin él creía haber encontrado en esa mujer paz a sus deseos y delirios carnales en la satisfacción múltiple, y por segunda vez en la vida llegaba la inoportuna de Catalina Juárez. Mayor maldición no encontraba él en esta tierra. Recordó los días infaustos que había vivido a su lado y lo poco apetecible que esa mujer le parecía. Su voz chillona y los modales de baja clase. Además, llegaba sin nada en la bolsa y con su familia a cuestas. Con un apellido que no valía un real y con todas las de la ley de Dios de vivir bajo el mismo techo.

Sin embargo, de inmediato mandó a sus más cercanos soldados a recibirla; tampoco iba a dejar que la gente y el pueblo murmuraran y se le perdiera el respeto que estaba fincándose apenas. Tenía que ser recibida con fiesta, así acallaría también a la falta de fe de su cuñado que alguna vez se burlara de sus sueños por conquistar América para la Corona. El propio Bernal Díaz del Castillo, tan bueno para mi suerte tiempo después, comandó la tropa que fuera a recibir el desembarque, con caballos para las damas y el hermano. En ley los acogieron a su llegada a las costas de la llamada Nueva España.

Catalina Juárez de Marcayda, dada a conocer a todos por su segundo apellido, jamás se sintió más honrada y admirada que en esos días, rumbo a Coyoacán, en los que a su paso, los pueblos y sus moradores le rendían pleitesía.

Llegaría a principios de septiembre rozagante e ilusionada a vivir en la casa que Cortés había construido en Coyoacán, muy parecida a su casa en Castilla. Animales y telas se habían hecho traer del viejo mundo, así que cuando Catalina su hermana, su madre, su criada María Vera y su hermano arribaron, la felicidad para los Juárez parecía completa.

Apenas hubo necesidad de traspasar el dintel, cuando la realidad brutal y bochornosa golpeó en el rostro a la Marcayda: la casa en la que ella supondría ser dueña y señora se encontraba compartida por criadas que tenían más encomiendas que la pura limpieza, además, no lejos de allí se encontraba la casa de Juan Jaramillo, casado por órdenes de Cortés, hacía dos días, con la amante de su marido: la tal Marina. No tardó ni veinticuatro horas doña Catalina en enterarse que la Marina había sido la mujer inseparable de su marido, y que además de haber estado siempre con él en las luchas acaecidas desde su llegada a aquellos lindes, era madre del único hijo reconocido por él, porque muchas otras adjudicaban la paternidad de sus vástagos al capitán general de la Nueva España, pero de la boca de Cortés nunca, excepto con Martín, había salido la confirmación de su herencia.

Con todo y todo, la Marina evitó siquiera cruzarse con la Marcayda, y bien segura de la estima del capitán siguió su vida junto a Jaramillo. Por su parte, Catalina rápidamente se dirigió a la iglesia y buscó damas, casi todas recién llegadas de España, que pudieran mostrarse conformes con la condición de gran señora que se adjudicaba. Torpe para expresar sus deseos, en el poco tiempo que vivió allí, varias veces hizo rabietas con sus sirvientes o con los soldados e incluso con los frailes porque sentía que la trataban por encima, como si don Hernán Cortés les hubiera transmitido la aversión que él sentía por ella.

Desde la noche en que llegó la Marcayda, Hernán le dejó muy claro que tomaría tiempo acostumbrarse a compartir la cama y los olores. Así que le proponía: después de que los criados los desnudaran, él dormiría en el piso, en algún tapete o en cualquier otro espacio adecuado. Además, estaba seguro, ella recién desembarcada sentiría un desasosiego tan hondo que no podría descansar si su marido la importunaba. Pero las noches sin intimidad se hicieron cada vez más habituales y la señora refugió su angustia en organizar interminables comidas con vino y licores de sus tierras, bailes extravagantes y eternos festines que se fueron haciendo comunes para todos los peninsulares que en Coyocán, o cerca, habitaban, en el par de meses que le siguieron a su bienvenida.

❈ ❈ ❈

—¿Que cómo pasó, mujer? Pues bien, te lo he de confesar porque ya no aguanto las noches sin poder dormir por una culpa que no me apetece. Ese día en la comida recuerdas que ella había llegado con sus amigas después de escuchar la santa celebración en la iglesia. ¿La viste qué feliz estaba y qué llena de vida? Pues nadie adivinaría el fatal desenlace, mujer —le dijo don Diego a su esposa en medio de la noche, días después del terrible acontecimiento—. Mi señor se unió al festín después de haber llegado tarde a la comida que ya tenía organizada la señora con sus amigas y con los soldados que muy contentos se entregaron a esos placeres; y a cualquier otro bacanal se hubieran entregado, después de haber visto la muerte tan de cerca cuando intentaban tomar Tenochtitlan.

—Sí, recuerdo el baile y las caídas porque muchos ya se pasaban de borrachos. ¿Qué pasó entonces cuando ya todos naufragaban en el alcohol? La que comenzó fue la señora, tratando de sobajar a algunos soldados: a ese, ¿cómo se llama el muy flaquito? Solís, a él la señora le recriminó no obedecerla en los favores que ella apetecía. Él, muy gentil y por respeto al señor don Hernán que allí sentado devoraba un guajolote, le dijo que ella mandaría siempre. A lo que ella le respondió con una voz muy fuerte para que todos escucharan, sobre su marido: ¡Que muy pronto nadie podría ignorarla en cualquier cosa suya!

—Y el señor Cortés todavía pasando bocado con un poco de vino le espetó que por lo que a él respectaba, no quería nada que viniera de ella, que aun asco le daba lo que le perteneciera.

—Muy sincero fue, mujer. La verdad es la verdad y esas palabras le salieron del corazón, porque después de levantarse llorando la señora, tumbando el asiento y la copa, y dejando a los invitados apenados, en tremendo silencio, se fue a llorar a su capilla. Allí la alcanzó su hermano y lo despidió sin miramientos; más le valía no haberse ido porque sería la última vez que la viera llorar. Suplicaba la muerte, porque más humillación ya no aguantaba: el amor o la muerte; Dios, mándame el amor o la muerte, decía entre llantos.

—El señor don Hernando, un poco avergonzado, terminó la fiesta y subió a alcanzar a su mujer cuyos lamentos hasta la cocina se escuchaban —don Diego toma aire y continúa—: la discusión comenzó cuando la señora, como aterida, comenzó a decirle que rogaba porque Dios se la llevara. Don Hernán le dijo que bien haría el Señor Todopoderoso porque ella de nada servía en esas tierras y en esa vida. Ni siquiera para dar a luz soldados, gobernadores o guerreros, que debiera ser el papel de cualquier española y cualquier mujer. Ella se encolerizó y se levantó para gritarle que él era un infame que tenía hijos por todas las comarcas y que eso no era cristiano. Después don Hernán le dijo que no sólo no daba hijos, sino que era torpe, se estaba poniendo fea y no poseía título o propiedad alguna. No estaba a la altura de su nuevo rango como señor conquistador, como el gobernador y capitán general de la Nueva España —tomó un sorbo de agua y comenzó el mayordomo a pasearse nervioso mientras seguía contando—: En ese momento yo creo que ella se le fue a golpes de mujer, porque así escuché, y luego vinieron palabras inaudibles y llenas de odio y reclamos. Golpes secos, yo creo, pero el muro no me dejó esclarecer qué ocurrió en esos segundos. Después el señor Cortés le dijo que si ella había pedido el amor o la muerte, no tenía por qué desairarla una vez más, y creo que comenzó a asfixiarla pues sólo se oyó el sonido entrecortado de la señora y luego el sonar de mil cuentas de su collar que rebotaron contra el piso. Minutos de silencio mortal, mujer, se vivieron, y luego el señor Cortés le llamó, pero la señora Catalina no emitió ninguna otra palabra por el resto de su vida. Escuché llorar al señor con gran congoja y me mandó llamar mediante una voz muy débil; de inmediato entré a sus aposentos y él la tenía sostenida por la cabeza, muy despeinada y morada, creo adivinar yo, aunque la penumbra no me dejaba ver bien. "La maté, Diego, se puso impertinente otra vez y la rabia me descontroló, la maté, Diego", me confesó como un crío que asesina sin querer, a un pollito. Estaba tan triste y asustado que de inmediato le dije que le traería algo de tomar para que se calmara, y le di ánimos como era mi deber.

Así lo supo todo María de Vera por boca de la mujer de Diego Soria y así lo supe yo muchos años después. ¡Lo terminé sabiendo yo, el enano Ocuilin que allí vivía cuidando de Tecuichpo, otra de las mujeres de Hernando Cortés, el perro capitán Malinche!

❂ ❂ ❂

En días anteriores a la muerte de Catalina iba Hernán Cortés en su caballo, a buen paso, con algunos soldados que trataban de seguirlo, cuando se encontraron con el soldado Juan Bono recién llegado de Castilla, gran personaje y de fina estampa que hacía sentir muy a gusto al capitán. Acababa de llegar de contraer nupcias con una mujer de gran alcurnia en España y se veía ricamente vestido y satisfecho. Después de una animada conversación a las afueras de Coyoacán, Juan Bono le dijo al capitán:

—Me acabo de enterar de algo lamentable porque yo allá estaba buscando casarle con la familia del obispo. Sí, su sobrina Petronila de Fonseca, una mujer deliciosa y de alcurnia, con muchos bienes por dote y cuya familia busca tener también algunas propiedades en el Nuevo Mundo, además de lo que en España atesoran, están a la espera de un gran caballero que la despose. Además es una mujer cultísima y pensé, tontamente, que usted era aún célibe, pero a poco de llegar me enteré de que su mujer lo vino a alcanzar de Santiago de Cuba. ¡Qué desgracia, señor don Cortés, porque la mujer que le platico era tan adecuada para su nuevo abolengo! Me retiro y le reitero mis cordiales saludos para usted y su familia.

Se retiró el español a gran galope y dejó sumido en la rabia y la frustración al señor don Hernán Cortés, gobernador y capitán de la Nueva España.

Terrorio del polvo y de la nada, como finalmente supo que le tocaría en suerte. El que mal empieza, mal acaba, dice el dicho español. Y dice bien.

❀ ❀ ❀

Debo decir que nada de lo que se cuenta es como sucedió, y menos como lo juzgaron. La única verdad que se asoma es que entre los teules y nosotros las diferencias son abismales y al mismo tiempo tienen en común el miedo: ese que lleva a que sean lo mismo un guerrero de nosotros que el criminal común de los suyos, los dos entran en la triste condición de suicida. Y el señor Cortés tuvo por muchas noches pesadillas en las que vinieron a reclamarle que él estuviera vivo, como este que se acaba de leer. A tal punto que su dios incluso, estoy seguro, lo abandonó cuando en su lecho el tormento de todas sus víctimas le quiso arrancar la cabeza: el remordimiento sería por siempre capaz de hacerlo querer morir.

La ambición, sin embargo, también convivió en su persona y se vio colmada después de la batalla de las Hibueras: perseguido por vivos y muertos regresó por fin a donde había nacido, y allí vio colmado su deseo de tener por mujer: un apellido, una dote y una estirpe de abolengo; a sus muchos años ya tenía todo lo que él como conquistador había deseado cuando mancebo. Habría que ver que para ese entonces a nosotros nos había dejado a la suerte de sus compinches, ya sin sueños ni trifulca, únicamente con la esperanza de encontrar en la casa del Sol, muy pronto, a nuestro señor Cuauhtémoc. Pero todavía no cuento ese dolor.

Allá, habríamos de saber todos, que en su casa —que estaba después de donde el mar termina, en España— el señor don Cortés se casó con doña Juana de Zúñiga, hija del conde de Aguilar y sobrina del duque de Béjar.

Aquí, ya había enterrado a su esposa y olvidado a sus mujeres. A Juan Juárez y a su madre, por ley les había dado tierras para que soportaran la muerte sorpresiva de Catalina; también a sus fieles sirvientas las había "biencasado" y a sus criados premios les había otorgado. A todos les habría de ir bien por su silencio, conducta que yo no comparto, que el que mucho se platique de las infamias da un poco de paz a los que murieron sin ver la justicia.

Dos años duró don Cortés por España, después, siempre apegado de una extraña manera a sus dioses, trajo consigo más frailes y a su confesor, trajo a su esposa y a su madre, trajo más animales y se topó aquí con un juicio, que su Rey no llevaría a cabo, por la muerte de su difunta esposa. Así sólo habrían de quedar, del extraño caso de la Marcayda, documentos de autos incompletos y los rumores que de boca en boca viajaron por todo Coayacán, y luego por todo el territorio que habrían ustedes de llamar la Nueva España, ciudad edificada encima de sangre y huesos, traiciones y crímenes, triunfadores y vencidos de dos mundos que en un inicio creíamos, nada tenían de igual.

Cuarto Amoxtli

VIII

Año 6 Pedernal

¡Tiempos tristes de dolor y cautiverio! ¡Tiempos de traición constante como el propio calendario que hace avanzar días tan funestos, tan oscuros para todos. Tres años ya, en la cuenta de ustedes, suma avara y ajena, que Cuauhtémoc, águila del crepúsculo, yace preso, cautivo de cada uno de los caprichos de Cortés, el capitán Malinche de los teules. Y yo con él, o mejor, con Tecuichpo, su copo de nieve, ayudándola a soportar tanta humillación y yendo y viniendo como una piragua entre chinampas al lecho de mi señor, a decirle lo que oigo, a contarle las desventuras de su pueblo, que nada dulce tengo para libar su corazón contrito.

Yo, el enano miserable, el macehual invisible, fui solicitado por mi señor para hacerle una vez más compañía en su infortunio, y de no ser por uno de sus soldados, Bernal Díaz, que me tuvo cariño, hubiese perecido con él en tierras de los mayas y no podría contar esto. La muerte, al menos, hubiese sido un dulce consuelo.

Me apetece contar aquí esa historia, pero muchas veces me repito que este no es mi libro, que esta no es mi vida. No empecé a escribir estos folios del infortunio por gusto. Lo he hecho en un idioma que no es el mío pero en el que he sido instruido por frailes cuidadosos y, dicen ellos, llenos de amor para con sus hermanos. Yo creo que son en realidad vanidosos, que ese es su pecado (alguno que otro puede sumar el de la gula). Por ello vienen de su tierra y nos hablan de un Dios que nos quiere infinitamente, como ellos, y nos bautizan con los mismos nombres de sus soldados, y a algunos dejan el apellido en náhuatl, si son nobles. Los más no. Vienen a llamarse Juan Vázquez, Diego García, Pedro Sánchez.

Y les hacen la señal de la cruz. Esa cruz que es ahora omnipresente: allí está para recordarnos que ese dios de los teules tuvo un hijo que fue sacrificado por los hombres. Y su padre debe seguir llorando ahora, como lo hace su madre, siempre al pie de esa cruz que pintan en telas y colocan encima de sus templos.

Yo tengo un nombre cristiano, como se debe en estas tierras. Pero nadie lo usa conmigo. Un enano sigue siendo Ocuilin. Suena mejor.

❉ ❉ ❉

Más de tres años han pasado de cautiverio y humillación. Los informantes de mi señor habían dado cuenta de los preparativos para salir a darle caza a un teul caprichoso y rebelde. Malinche iría a tierra lejana, aunque de súbditos nuestros, lejos aún de tierras mayas, también tributarias de los mexicas. Las Hibueras le llaman ustedes a ese lejano territorio que nunca soñé pisar, como si se tratase de otro mundo, de otro sol, no del mío.

Tarde supimos, sin embargo, que Cuauhtémoc y su primo y otros tlatoanis habrían de acompañar la comitiva de Cortés, y pedir a los caciques —como ustedes y Malintzin los llaman— de cada pueblo y comarca, respeto por el extranjero. ¡Nuestro señor convertido en embajador y comitiva de los teules; ni Moctezuma había caído tan bajo!

Soy testigo del dolor del águila que cae, de la falsa idea propagada por soldados y capitanes que hiciéronle creer que iría a Castilla, a conocer al rey de los teules, Carlos V. Pero eso ocurrió después.

En los primeros días de preparativos sólo sabíamos que Cortés habría de ir en busca de otro de los teules que lo habían traicionado, Cristóbal de Olid, más allá del territorio mactún.

Y entonces Cuauhtémoc, silencioso por tantos meses, como una tumba de rencor y pena, se dejó escuchar por última vez. Le pidieron que pusiera fin a la disputa de las tierras de Texcoco. A él, que, maniatado, le había correspondido la ingrata tarea de reconstruir para otro Dios una ciudad de piedra y de templos encima de la suya. A él que había visto perecer y huir y desaparecer a su pueblo. Ocupó la oportunidad, quizá sabiendo que sería la última.

¿De quiénes eras las aguas del lago?, preguntaban algunos de Texcoco a Cortés y los suyos. La carta o cédula, como ustedes le llaman, es el himno del silencio y la derrota. Cuauhtémoc, el grande, dice allí que es fuerte y ha defendido con todo su poder a los suyos, en vano. Él sigue siendo el tlacatecuhtli, manda decir al escribano que recibe sus palabras traducidas por la lengua. El señor de los hombres rememora antiguos esplendores y glorias, la llegada de los primeros pobladores a Anáhuac.

Al lago. Al lago coronado de olas como de plata, brillantes como el oro: fragantes aguas donde ha de fundarse nuestro pueblo, Tlatelolco, con no pocos trabajos y denuedo. Allí los viejos recordaron en sus corazones lo que sentían por las penas y desdichas que habían padecido y cantaron con gran tristeza, con gran ternura cantaron en sus teponaxtles engarzados en plata, y esmaltados de ricas piedras.

Y así cantando encontraron el sosiego y eligieron a quien habría de gobernarlos con gran paz en sus corazones.

De la nada y la pobreza, de la miseria y la tierra, los tlatelolcas emergieron, sigue mi señor, como el gran pueblo que son. Estando en la laguna entre tulares y carrizos, y en el Año Conejo, hacían memorias de las guerras que ganaron y perdieron. Vencieron a los de Culhuacán, cubriéndose de lama de agua y usando sus armas los guerreros tlatelolcas con sus rodelas de preciosas y ricas plumas. Hasta que en un montoncito hayan al águila, valerosa, encima del nopal. Come una serpiente esa águila solitaria y, entre los carrizos, todavía medio escondidos, casi muertos de hambre se ponen a llorar.

En ese montón de tierra se funda el pueblo y ellos se hacen dueños de la laguna y de los montes. Y nadie —parece que gritara mi señor cuando lo dice a quienes le escriben y dibujan— nadie ha de decir que es suyo, sino que son dueños los hijos nuestros, para que lo gocen.

Hoy los teules posan su planta de extranjeros en una tierra que es sólo de los mexicanos, toda. Nosotros la encontramos, la engrandecimos, la hicimos rica y poderosa. Sólo a nosotros nos corresponde su gozo, aunque la ciudad de Tenochtitlan esté destruida, destrozado Tlatelolco, caídos sus templos y palacios. La tierra sigue allí, desnuda.

La laguna, habrá de continuar Cuauhtémoc en esa cédula que menciono, fue disputada a los de Tlatelolco por el señor de Texcoco, el gran chichimeca Netzahualcóyotl. El tlatoani poeta mandó depositar una macana suya en señal de guerra. Y se libró la lucha, hasta que se venció al señor acolhua y a los suyos. Desde entonces se comparte el lago. Los de Tlatelolco y los de Tenochtitlan son los dueños desde aquel día, ya hace tanto tiempo, en que en medio de las aguas se encontraron los dos señores, detuvieron sus canoas, calmaron los remos y su chapoteo, y con nueva amistad se consultaron los términos.

Yo, el gran señor Cuauhtemoctzin, dejo esto a los hijos para que sepan cómo alcanzaron esta tierra los antiguos, antepasados y abuelos nuestros, en el Año 4 Caña.

Y los que traducen también ponen de su cosecha en esa cédula que dicen, y prestos escriben: que viene a ser el de mil cuatrocientos treinta y un años.

Es nuestro, qué duda cabe, el Anáhuac.

Yo, el gran señor Cuauhtemoctzin nunca dejé de cuidar las aguas o la laguna, todo aquello que nos pertenece, lo que siempre defendí con mis valerosos guerreros, en grandes batallas viendo lo venidero.

Así en la cédula quedó escrito. Aunque las palabras de la lengua de ustedes, lo sé ahora, sirvan sólo para engañar y para mentir y herir, como macanas filosas llenas de puntas de obsidiana sus palabras. Y los que dibujan colocan allí un mapa o un plano que muestra la división de la laguna entre mexicanos y tlatelolcas.

Y por eso los dejo amparados yo, el gran señor Cuauhtemoctzin, señor de Tlatelolco; así lo hagan los que tuvieron mando y señorío sobre la tierra, que amparen a los pobres del modo que yo los he amparado y defendido, como lo saben mis capitanes y soldados, pues delante de ellos pasó cuanto he dicho y declarado aquí. Hay un árbol, he de decirlo ahora, que mucho veneramos por su sombra. Como ese árbol, enorme pochotl, quiso ser Cuauhtémoc, el señor del crepúsculo y la caída, de la sombra y de la nada. El dueño del final y de la destrucción. Y del silencio, sólo roto por las palabras de esa cédula que recuerdo y que dejó escrita y sellada y dibujada antes de que partiésemos de Tenochtitlan, quizá para siempre. Cuauhtémoc, nuestro señor del dolor.

❁ ❁ ❁

El tal Cristóbal de Olid se alzaría con la tierra que los teules nos habían arrebatado. En alianza con un viejo enemigo de Malinche, Diego Velázquez y uno de sus preferidos, Gonzalo de Salazar. Así se decía en los corredores y la cocina de la casa del capitán Malinche, morada mía, de Tecuichpo y de mi señor Cuauhtémoc. Rumores de traición de su antiguo soldado a quien mandó por agua a buscar un estrecho a través del cual cruzar del otro lado del mar, que llama océano.

Francisco de las Casas, muy cercano a Cortés, trajo la noticia desde Cuba, allende el lugar que ustedes llaman Villa Rica de la Vera Cruz. Cuatro navíos grandes con artillería acompañaron al aliado en su empresa. Nosotros tuvimos que hacer la travesía, en cambio, por tierra, sin otro amparo que el de la noche y el de la selva: oscuros hermanos de la tiniebla, nuestro destino.

Atlatán o Guatemala, villa en la que ha fundado su señorío Pedro de Alvarado, el maldito soldado que contra los nuestros asestó duro golpe en el Templo Mayor aquel día de Huitzilopochtli, que ustedes llaman Huichilobos. Así le llaman los soldados de Malinche al lugar al que debemos de llegar primero. Luego las Hibueras.

El viaje es largo, muchos son los peligros, disuadían otros al capitán Malinche. Desconocidos los parajes. Se aplazó la salida, pero no por mucho tiempo. Y los teules empezaron a juntar gente de la suya y muchos nuestros y otros tantos tlaxcaltecas en espera de la orden de salida.

Así discutía Malinche con dos muy cercanos suyos, Gonzalo de Salazar y Peralmínez Chirinos, que buscaban convencerlo de no hacer aquel viaje de locura. En el corazón de Malinche se agitaba un dolor más agudo, un dolor que —si lo sabré yo— sufrió muchas veces porque él mismo se ocupó tercamente de infligirlo en los demás. Es un dolor muy agudo, que dicen los que de ello conocen, con sabor amargo a traición y desgracia. Lleva muchas lágrimas y mucho tiempo librarse de esa pena e incluso algunos nunca dejan de compadecerse de esa suerte ingrata cuando los cercanos a uno usan la punta de obsidiana para quitarle el corazón o las entrañas a quien dicen amar. Veneración del odio y de la envidia que mi señor padeció también en suerte.

Pero este no es un libro de congoja. No. Es mi memoria rota y maltrecha sólo escrita para desmentir a los perros que me han antecedido en sus recuerdos y han dicho cosas muy falsas y oscuras. No. Yo no escribo para mí, ni para mi gloria, que no la tengo ni he de guardarla entonces. Yo dejo aquí lo que mis ojos vieron, nada más ni nada menos.

¡Y qué cosas habrían de ver estos ojos desde que salimos de la querida Tenochtitlan, caída para siempre! ¡Y cuántos perecieron en el viaje, tan largo, tan cruento! La comitiva de Cortés superaba con mucho la que apenas tres años antes lo acompañó cuando conoció a Moctezuma Xocoyotzin. Muchos representantes de su soberano en Castilla lo seguían, frailes flamencos y otros clérigos. Un mayordomo, un despensero, un maestresala, un botiller estaban a su servicio personal, que era ya el de un tlatoani, no el de un soldado. Un médico y un cirujano, un camarero que lo mismo le preparaba el baño o le tendía el lecho, que cuidaba sus trajes y armaduras: más de diez pajes y ocho mozos de espuela para arreglare las cabalgaduras. Quiso en este viaje infausto llevar también tres halconeros, que así pensaba distraerse de la fatiga, sin saber cuán inútiles serían a la postre sus ayudantes en el arte de la caza que ustedes llaman cetrería. Músicos de a cinco en el cortejo: chirimías, sacabuches y dulzainas para la noche. Tres bufones, oficio ingrato si no he de saberlo, que lo mismo hacían de titiriteros que de volteadores o prestímanos. Gran ganado iba también con nosotros camino a Coatzacoalco, que llaman Villa del Espíritu Santo los teules. Y los dichos animales con su caballerizo y tres acemileros. Una piara al final del cortejo de españoles. Atrás, apenas, salimos de las calzadas reconstruidas de Tenochtitlan, los mexicanos, con nuestros tlatoanis: Cuauhtémoc, su primo Tetlepanquetzin, Coanacoch, Tlacutzin y Temilotzin. Éramos cinco mil aztecas para el servicio del teul y los suyos, que también llevaba tlaxcaltecas y michoacanos y huexotzincas.

Larga ristra de penitentes y melancólicos, como llaman ustedes a los tristes.

Y llegamos a la costa. Ninguno de nosotros conocía el mar. Ningún tlatoani, tampoco. Lo habíamos oído y cantado desde niños. Yo mismo compuse quién sabe cuántas loas a su color o su brío, pero el mar siempre nos fue ajeno. Ahora allí estaba frente a nuestros ojos, más azul e impenetrable que nunca. Un olor a sal y a cuerpo de mujer. O a gruta de ocelote. Luego cayó la noche y descansamos de los tantos días de trayecto.

Nos habían recibido los teules que allí se apostaban y los naturales que ustedes dicen indios. Arcos de flores en las calles, y música y estruendo, y las armas sonando con su ruido infernal por largas horas. Comimos y holgamos y reposamos así de tanto trabajo. A ninguno de los que allí moraban les pareció al inicio, pero no se resistieron a las órdenes de su capitán Malinche: debían acompañarlo en la empresa a Las Hibueras.

Al día siguiente hubo fiesta, de nuevo. Se presentaron ante Malinche sus huestes y soldados: ciento treinta de a caballo, doscientos cincuenta de infantería y unos recién llegados de Castilla que nada sabían de nuestras tierras sino el color del oro. Sonó su música de flautas y tambores. Sus trapos o banderas que así llaman. También hicieron desfilar a mi señor Cuauhtémoc y a los otros principales que llaman caudillos los teules: sus plumas y sus grandes mantos. Los guerreros nuestros, codo a codo con sus antiguos enemigos tlaxcaltecas: pedernales y flechas de obsidiana a la espalda.

Mandó el capitán Malinche emisarios para avisar a los pueblos y caseríos del camino acerca de nuestra comitiva y de la presencia del Huey Tlatoani con nosotros: siete pueblos de la costa enviaron así sus embajadores y en un paño le entregaron a Cortés algo como un mapa, que parecía bueno e indicaba lo recto del camino, su fácil trayecto. ¡Cuán lejos de la verdad inhóspita que nos aguardaba a nosotros, bisoños de la selva y su tierra roja y siempre húmeda! Ese trapo que trajeron los de Xicalango empezó nuestra desventura, y ni la brújula ni los otros artefactos de Malinche nos sirvieron de nada cuando nos comieron el hambre y los mosquitos.

¡A nosotros desde antes ya nos habían abandonado los dioses!

Tuvimos entonces que volver al mar. El ruido de las olas libera por un tiempo del estruendo de la vegetación y la selva. Hacia la arena gris se dirigió la comitiva, engrosada por los de Coatzacoalco, naturales y teules, unos seis mil en total. La marcha era lenta y resbaladiza. Más de uno cayó de su caballo y algún otro quiso volver, escondiéndose entre las piedras romas a las que el agua había lavado y pulido: negras como la obsidiana y húmedas en medio de la tanta arena que caminábamos unos y cabalgaban otros. Cuauhtémoc en andas, que ya nunca pudo andar de pie después de que le quemaron los pies para obtener más oro. Ya había cicatrizado la carne, pero del fuego nada vuelve a nacer sino la ceniza y la llaga: suave muñón del que siempre se quejó con amargura.

Las jornadas son arduas, pero pequeñas. El territorio agreste, empezamos a adentrarnos en la tierra como quien horada un templo sagrado y destruye sus estelas de piedra. Nada es estable allí, todo se deshace en légamo, se torna cieno, agua, lodo. No pocos perecen. A algún teul lo rescatan amarrando su caballo a un grueso tronco de ceiba. A otros, con menos suerte, se los traga la tierra, los engulle.

Nueve leguas separan Tonalá de Coatzacoalco. Nueve leguas, miden ustedes. Por una noche y un día entero descansamos allí, reparamos las vencidas fuerzas y cruzamos el primer río, aún no tan caudaloso como los que vendrán después. Y a vencerlos, como en dura batalla. Encabritadas las aguas que arrastran a algunos y se los tragan. Estómago de agua, garganta inclemente de la tierra. Luego pasamos un estero, quizá a otras siete leguas, y un puente largo. Tan largo como media legua. Cortábamos los maderos y los amarrábamos, y en esas faenas se nos iba también el día y se perdían otros hombres que aún no parecían valiosos de tantos como tenía aún la columna. Estábamos en un lugar que llaman Copilco. Mucha pesca y cacao nos mantenían allí. Recuperado el cuerpo y conseguidas algunas vituallas para el camino. Por fin en camisola senda se miran casas, pequeños poblados de paja y barro a las que se llega sólo después de un largo vericueto de agua y pantano.

Nos estuvimos allí varios días. Hicimos casi cincuenta puentes. El apetito constructor no era otro que el de salvar las vidas, tan frágiles de tantísima agua como nos caía encima y nos venía debajo. ¡Nunca he visto llover igual, todo el día y toda la noche el cielo se rompía con estrépito y casi éramos arrasados por las cascadas de agua que las nubes nos propinaban, acá y allí, una y otra vez. Ni los gruesos árboles y las enormes hojas de otras plantas cobijan de tanta humedad. La tierra, además, es como de hule y se cae y se resbala. Pequeño como soy me resguardaba de pronto tras la maleza, y era como estar debajo de un rico toldo de manta. Pero las hojas se vencían también por el peso del agua y el chorro entero me caía en el cuerpo y me dejaba mojado y legamoso como un recién nacido.

Como un pez que se resiste a morir y salta y da cabriolas. Así era yo en esos días de marcha y ardua fábrica de puentes y canoas para remontar los tantos ríos y esteros que hay allí, y que son como me imagino yo el infierno que tanto dicen los frailes en sus largas prédicas los domingos.

Pero ahora estamos allí, en medio de la espesura, hemos salido de Copilco y vamos al corazón mismo de la noche y la tiniebla, a un lugar que llaman Chontalpa. Las aldeas y poblados por los que hemos pasado están desiertos, quemadas las milpas y las chozas, y en algunos el fuego es aún reciente y las brasas arden y se secan. Nos tienen miedo. Se esconden en los montes. Desaparecen. Hasta aquí el plano o mapa que le entregaron en un pedazo de tela al capitán Malinche. Un trapo que no dice el trayecto ni marca el camino y sólo se limita a poner los nombres de los lugares, por eso los sé y puedo repetirlos ahora.

Para mí todo era río o laguna o islote y torrentera. Unos iban delante de nosotros, explorando y abriendo brecha. Orientaban la columna entera o la perdían por varias leguas. A veces, al llegar a uno de esos lugares deshabitados que alguna vez fueron caserío, podíamos tomar maíz o cacao, algún animal que quedó allí, perdido como nosotros. Y preparábamos alguna comida menos mala al señor de los hombres y a los otros nobles. ¡Qué magras sus carnes, qué oscura su piel como de anciano cuando era un joven aún! Apenas cuatro años antes de la llegada de los teules había cosechado sus primeros triunfos y cautivos. Cuatro prisioneros, cuando se le nombró tlacatécatl de Tlatelolco, por su estirpe de noble. Hijo de Ahuízotl, mi señor Cuauhtémoc, águila del crepúsculo en esas tierras que alguna vez fueron suyas y de las que le llegaban tributos y comida; vagas noticias de los mactunes, la muerte de un tlatoani, la elección de otro. Noticias lejanas como la mercadería enviada, los obsequios.

Al fin arribamos al río Guezalapa, hasta ese momento el más difícil, el indómito. De a pocos en las canoas de los naturales iban cruzando los soldados y guerreros, los teules y sus aliados enemigos nuestros, los de Tenochtitlan, los señores y Malinche. Unos negros, venidos de un lugar llamado África, esclavos todos, cargaban los herrajes de metal, pesados. Uno de ellos vino a caer de la piragua, la volteó toda con su preciada carga que lo arrastró al fondo. No se le vio más y causó mucha tristeza a los teules la pérdida de lo que aquel llevaba. Se tuvo entonces especial cuidado en el traslado de los demás enseres.

Hicimos campamento del otro lado, alcanzada apenas la ribera. El sol nos quemaba las caras, que así entraba por el claro del pesado bosque. Un sol hipócrita, mustio, el cual sólo nos ocultó la terrible tempestad que entonces se soltó sobre nosotros. Mojó los caballos y el suelo tanto que fue preciso amarrarlos de nueva cuenta para que no se los llevase el río en sus fauces.

Apenas el cobijo incierto de los árboles. El ruido de la tormenta sobre la cabeza. El trueno que arranca luz en el cielo oscuro, cerrado y negro por las nubes de aquel diluvio que ustedes llaman. Era tan densa la niebla, que no nos veíamos. Unos chocaban con otros en el frenesí de salvar el cuerpo o los encargos. No se escuchaban tampoco los gritos, ni los llantos.

Otro día de lluvia, sin parar. Los teules se insultaban unos a otros y no faltó quien desenvainara la espada para así terminar un pleito. Vi a uno de los capitanes de Cortés degollar a uno de sus soldados: un solo tajo de su espada y la cabeza rodó por el suelo, dio tres vueltas y vino a golpearse contra un enorme árbol. Sonreía aún la cabeza así cortada, se seguía riendo del capitán, lo juro.

Maltrechos llegamos a un lugar que llaman Zagoatlán. Perdimos muchos hombres, más de quinientos, en la travesía. Otra vez el nado o las canoas nos pusieron a salvo. Los vestidos chorreaban agua y ya no había qué comer.

Algunos habían comido tantas flores de palma, que vomitaban, y sudaban y venían a morir muy maltrechos y amarillos y llenos de fiebres, comidos por la gula. Ninguno tenía el rostro sin marcas de insecto o picaduras de zancudo. Uno de los mejores guerreros de Cuauhtémoc vino a morir, también de una picadura de nauyaca, feroz serpiente que de todas maneras pereció en el intento y a la que comimos algunos después de quitarle la piel y asarla.

Comíamos también lagarto, si podíamos hacernos de uno. O culebra o iguana. Los de más suerte conseguían atravesar con sus flechas el cuerpo de un mono y allí también lo requemaban ya sin piel y venían a masticarlo como manjar divino, como si les supiese a miel.

Eso es lo que más recuerdo de aquellos días aciagos: el griterío de los monos encima de las ceibas. Su frenético saltar de una rama a otra mientras nos arrojaban semillas o piedras y gritaban aún más. Locos o maniáticos como dirían ustedes, esos monos. Cientos de monos que aún hoy se ríen de nosotros, más locos aún queriendo transitar por esa selva, con rumbo a ningún lugar que no fuera la muerte.

Allí, en Zagoatán estuvimos largo tiempo, veinte días quizá, sin saber cómo movernos. De un lado la selva: impenetrable, más espesa aún que todo lo que habíamos visto. Del otro el agua, infinita, el río apenas vencido con tantos trabajos y tanta pena. Tierra de ciénegas y de hambre. Hubo de hacerse un largo puente, como de trescientos hombres de largo, hasta que se nos acabaron las vigas recién fabricadas. Allí unos cuantos que habíamos apresado en el camino nos señalaban un nuevo lugar, ahora sí poblado: Chilapa.

Los soldados reían pensando en la comida, el sosiego, las mujeres que siempre tomaban hasta quedar tirados como animales sobre la tierra húmeda. Cuando llegamos contemplamos el mismo paisaje de tantas veces: las casas quemadas, el lugar sin gente. Sola. Pero hubo muchas frutas en los árboles, y pasto para los caballos de los teules, y Cortés mandó se hiciese música y hubiese allí fiesta y tiempo de holgar. Los tres bufones del capitán Malinche entretuvieron a la tropa. Especialmente el prestímano, habilísimo en sus suertes.

Que no se piense, sin embargo, que llegábamos de golpe, bien organizados. Se había terminado la disciplina, más que soldados parecíamos forajidos, prisioneros que han escapado de la muerte. Íbamos arribando a los lugares de a poco, en grupos dispersos que tardaban hasta dos días en juntarse. Y se hacía entonces el recuento de las pérdidas. Éramos tres mil, no más, cuado llegamos a Chilapa, la nueva aldea desierta.

Así, más perdidos que resueltos, llegamos a Tepetitlán. En medio nuevamente del lodo y el barro. Los caballos se hundían hasta el cuello o las orejas y había que jalarlos entre muchos hombres para sacarlos del pantano. Dos días anduvimos así hasta alcanzar el poblado. Otra vez sin alma alguna —me gusta esa forma de llamar a la gente, *almas*, que no había usado nunca pero sí leído en sus escritos— aún ardiendo las casas recién abandonadas: el mismo repetido espectáculo de la huida.

Los teules peleaban todo el día. Maldecían y blasfemaban y gritaban contra su capitán Malinche las peores cosas, vencidos por el hambre o la fatiga. Los de Tenochtitlan guardábamos silencio. Todo el día de faenas y trabajos. Cargar lo que quedaba de provisiones, los herrajes y cuerdas. Construir puentes, levantar campamentos. Hecha la noche buscábamos cobijo cerca del señor de los hombres y sus cercanos. Al abrigo de los árboles alguien comenzaba a contar una vieja historia. Alguna vez me pidieron que entonase uno de mis cantos. Y dije aquel de la muerte de Ahuízotl, descalabrado contra su propio templo, que mucho movía a la risa y al ánimo. Pero mi señor no sonreía ya. Nada lo sacaba de un silencio completo. Me veía con dulzura, con cierta compasión. Sólo a mí me guardaba ese especial afecto. Miraba todo lo demás con profundo aborrecimiento. Lo había abatido el final de los tiempos, una carga demasiado pesada para un hombre tan joven. Veintidós años, a lo más, habrá tenido, y ni siquiera hijos, ni mucho contento con Tecuichpo a quien hubo de abandonar en las batallas casi después de las tres noches que los esposos deben pasar juntos una vez que se les ha anudado los mantos entre sí.

Pero nunca hubo un reproche o una queja en él. El señor de los hombres, el águila del poniente veía llegar el ocaso con resignación, como si sólo él supiera en medio del alborozo y la fatiga de la jornada, que no habría de trasponer ese viaje postrero.

Detesto a los monos y sus gritos, ya lo he dicho. Pero allí tirado mientras me tapaba las orejas para no escucharlos veía pasar de un lado a otro a las guacamayas y otras aves. Era como una fiesta de plumas de colores. Uno de los nuestros, muy hábil para las trampas, logró cazar una de ellas: azul, amarilla y parlanchina; le cortó las alas por debajo y la hizo compañera de nuestro tlacahtecuhtli. La llevaba siempre en su hombro y le daba de comer como a una hija pequeña. Siempre traía un manojo de maíz tierno con el que la alimentaba.

Iztapan, decían los naturales, era nuestro próximo destino. Se mandó a una pequeña columna que regresó pronto, quizá al día siguiente, con un nativo prisionero, quien contó las causas de que siempre encontrásemos vacías las aldeas y los caseríos: el tlatoani de Zagoatán así les había ordenado. Que incendiasen todo y se escondiesen prestos en los montes antes de encontrar la muerte. Conocedor de los caminos, este vecino del lugar se llevó a treinta de a caballo y algunos de los nuestros como avanzada. Por dos días aguardamos el regreso de la embajada. La noticia llegó por la tarde: más de cincuenta soldados habían desertado, fugándose por retaguardia, de regreso a Tenochtitlan. Hubo voces de los teules pidiendo que se les buscara y trajese de regreso. El capitán Malinche dio entonces la orden, resuelto: partiríamos hacia delante. Siempre hacia delante. A los desertores seguramente les esperaría la muerte, perdidos en la selva, sin ayuda de natural alguno. Se hizo campamento a dos leguas de allí y se esperó como se aguarda a la muerte, ya sin otra esperanza que la de dejar pasar los días.

Se quitaron las armaduras los teules, y las sillas a las cabalgaduras. No había un solo lugar de tierra en la que no estuviesen, despanzurrados, aquellos hombres a los que el cansancio había vencido. El hambre no derrotaba a la fatiga y ni siquiera se hacía esfuerzo para reponer el cuerpo con algún fruto. Se habían detenido los pleitos, asimismo por falta de ganas. El silencio nos cercaba a nosotros también, reunidos en grupos mudos, las espaldas contra los árboles. Al capitán Malinche se le hizo un campamento especial y se mató para él al último cerdo que quedaba. Alguno se molestó al oler la carne recocida y gritó un improperio, pero no tuvo eco y calló de todas formas. Se había acabado el vino y apenas alcanzaba el agua para Cortés y los suyos. Nosotros llevábamos nuestra propia reserva para el señor de los hombres y los pillis. Pero se bebía escaso, de a sorbos, para que no se terminase también esa poca.

La indolencia se había apoderado de la gente, abatida por los ya tantos días. Meses, según la cuenta de ustedes, de camino ingrato. Los muertos, las enfermedades y el hambre. Era como un largo grupo de cadáveres insepultos aguardando la compasión de alguien que, o bien los enterrase, o les prendiese fuego.

Allí, de esa guisa, nos estuvimos por mucho tiempo, tres días quizá. Apenas se oía ruido alguno que no fuera el de la selva y sus insectos y sus monos y aves. Pero la selva también guarda silencio. Es un silencio hermoso, como del final de una fiesta. En el momento de más calor, con el sol a plomo sobre las cabezas, filtrándose por entre los árboles. A la mitad de la jornada, casi todo se detiene en la selva. Y todos enmudecen, o fingen dormir por siempre. No hay brisa ni aire alguno y las hojas también allí se quedan tiesas y duras, y de no ser por la propia respiración podría pensarse que ya todo ha muerto.

De mañana llegaron, súbitos, los que se nos habían adelantado. Habían alcanzado al fin Iztapan. Gritos de júbilo. Dejaron a algunos allí, con la gente a la que sorprendieron antes de huir y les explicaron que no se fuesen, que no habría de hacerse guerra alguna contra ellos.

Nos pusimos en marcha de nuevo.

Un día de camino, guiados por los naturales, nos alejaba apenas de aquel lugar en donde volvió la vida. Y las risas y también la gula y el saqueo. Lloraron los habitantes ante Malinche pidiendo perdón, y fue la lengua, Marina o Malintzin, quien así dijo las palabras de aquellos hombres que ya no hablaban nuestra lengua ni la de los teules sino mactún, o chontal, que decimos nosotros.

Habían sido ordenados por su cacique, como ustedes llaman a los jefes, de actuar en esa forma, quemando todo y huyendo. Tenían miedo. Se trajo a los que habíamos apresado en el camino para que dieran testimonio de que no se les había maltratado ni asesinado, y así dijeron. Entonces Malinche los puso en libertad y les dio algunas cosas para que se fueran holgados y contentos a sus pueblos y hablasen de la ayuda que los teules les prestaron.

Entonces los de aquel lugar que se llama Iztapan fueron por su señor y cuarenta de sus principales que presentaron sus excusas ante Malinche.

Allí mismo el capitán Malinche mandó quemar a uno de sus soldados más valerosos delante de todos nosotros, para escarnio de propios y extraños.

Ese hombre, abatido por el hambre y las quinientas leguas de extravío, de apellido Medrano, se había comido los sesos de otro teul, un tal Montesinos. Todo eso se dijo allí. Y los oficios de uno y otro. Chirimía el hambriento, natural de Toledo, sacabuche el otro, nacido en un pueblo de Castilla que llaman Sevilla.

Lo que no se dijo, entonces, es que también se comieron las asaduras y los sesos de otros dos. Yo lo escuché de un soldado que se lo contaba a Marina, pero ella ya no habrá querido contarlo por temor a que se repitiese la escena de la muerte y los gritos del hombre que allí quemó Malinche. Pero yo sí lo supe: Bernardo Caldera se llamó ese otro, y un sobrino suyo también fue asado y comido de esa forma. Nadie los mató. Murieron de hambre. Por eso los asaron y les cortaron la tapa de la cabeza y pusieron a hervir en el fuego sus sesos que dijeron estaban muy sabrosos. A mí me dieron a probar, pero estaba muy mal del estómago y se me habían soltado las tripas como una cascada, de tanta hierba mala que masticaba para matar el hambre, yo creo.

Escaseó la carne, qué duda cabe, en ese viaje terrible a las entrañas del territorio de los mactunes. Y no habrán sido aquellas las peores cosas que vimos o escuchamos que sucedieron. O las tantas mujeres que los españoles de seguro preñaron en ese lugar que llaman Iztapan y en donde se holgaron con ellas. Al menos Malinche y sus capitanes, a quienes el tlatoani del lugar regaló veinte de las más jóvenes y hermosas, para que esos hombres las disfrutaran, pasándoselas unos a otros.

Ya la lengua, Marina o Malintzin, no dormía más con Cortés: se había casado, después de una larga fiesta, con uno de sus soldados, quien llegó tan ebrio al matrimonio que celebró uno de los frailes flamencos que fue preciso detenerlo entre dos soldados para que se estuviera en pie y diese su consentimiento. Ello ocurrió en Oztotipac, y el hombre llamábase Juan Jaramillo, con quien ya había vivido en los escasos y funestos meses de la Marcayda en México.

No dormía con él ya Marina, pero se le apartaba poco, como si sólo tuviese contento viendo a su capitán Malinche, el temible guerrero de hembras.

Después de estar así en carnal ayuntamiento y reponiendo el cuerpo con cuidados y con carne y frutos, volvimos a partir. El tlatoani de allí organizó al grupo de naturales que habría de llevarnos a Tatahuiltapan. Nos prestó sus canoas para que el señor de los hombres y Malinche y todos los principales cruzasen las aguas. Cortés mandó a muchos de sus hombres por otro camino, al mar, a donde los aguardaban con provisiones y soldados unos barcos salidos desde Coatzacoalco por río hasta Atasta.

En Acallán, a cuarenta leguas de Tatahuiltapan, aguardaríamos a que se rehiciese la columna para seguir el viaje. Pero fue en ese nuevo lugar que se repitió el escenario de las chozas quemadas, el pueblo abandonado y los dioses de piedra rotos por los propios de aquel sitio que no querían que los teules se los llevasen.

Unos naturales nos trajeron los pedazos de piedra, los dioses destruidos.

Los contemplamos con azoro, pero también con dolor. Hechos añicos los dioses, rotos por esos mismos hombres que con miedo veían llegar a los españoles y mejor quemaban sus viviendas y sus cosechas, y luego corrían a esconderse con los monos y los ocelotes, a la humedad y la oscuridad del monte.

Más altos aún los árboles, más espesa la selva que nunca. Estábamos en el corazón de los mactunes, pero nos faltaba aún mucho por avanzar.

❂ ❂ ❂

Me he detenido muchas páginas en los vericuetos de este viaje terrible. Y sólo así puede entenderse lo que vendrá después. Ninguno de los que allí estábamos por comenzar el nuevo año éramos los mismos. Habían de ocurrir los nemoteni casi sin darnos cuenta, en medio de nuestros duros esfuerzos por sobrevivir a la faena.

Iba a comenzar el Año 7 Caña. El último del señor de los hombres, el que habla, Cuauhtemotzin Xocoyotl, águila del crepúsculo, señor del final de los tiempos, nieto del colibrí izquierdo.

Y podría seguir así porque de cualquier forma he dejado fuera mucho de lo ocurrido, no por falta de interés sino por no cansar a quien esto lea con más penurias o más penas, que las otras son quizá las mismas muchas veces repetidas: una y otra vez por aquellos días.

Podría, por ejemplo, contar cómo algunos de esos hombres se escondían en los árboles y ayuntaban entre sí y se echaban en el cuerpo del otro, dándole por detrás. Tiempos de penuria, también de necesidad de carne. Tiempos más violentos que ningún tiempo violento que yo hubiera presenciado.

Ya lo he dicho: tiempo sin tiempo esos días, y días en los que se detuvo la cuenta del calendario y el señor de los hombres hubo de cargar en sus pequeñas espaldas el destino de su pueblo.

Hasta que llegamos diezmados, al territorio mactún, que nosotros llamamos Acallán. Seis frailes, más de quinientos tenochcas y no sé cuántos enemigos tlaxcaltecas habían perecido también, con muchos otros soldados de los teules. Se habían quedado en el camino sembrados por la rabia de esa selva que nos consideraba también intrusos y extranjeros en sus tierras.

Las tierras del Anau, como dicen ellos, o tlatoani, que decimos nosotros, mactún Pax-Bolón-Achá, el mentiroso, señor de Acallán Tixchel, de largo y limpio linaje, de larga y zalamera sonrisa también.

Una sonrisa a la que le faltaban dos dientes, una sonrisa de calavera.

IX

AÑO 7 CAÑA

Todavía nos aguardaban varias aventuras antes de encontrarnos con él y con sus gentes en Izancanac, pueblo de muchos templos que ustedes llaman y describen como mezquitas, donde nos recibió su hijo, lleno de zalamería, bajo las mismas formas hipócritas con las que su padre falsearía estar muerto y mentiría siempre, después de tenerle mucho afecto a Cuauhtémoc.

Así habló el hijo de Pax-Bolón-Achá y dijo al capitán Malinche que su padre había perecido pocos días antes y no podía recibirlo, y él mismo tampoco, pues estaba de duelo, pero que podía tomar los presentes que allí le llevaba y seguir su camino con mucha paz y tranquilidad hasta hallar un lugar donde le diesen recogimiento y sustento, que él y los suyos eran pobres y nada más podían ofrecerle.

Mentiroso él también, indigno de Ixchel, señora del arcoíris y diosa muy venerada por los mactunes desde Tatenán hasta Nito. Siete generaciones de nobles mayas en las facciones y el rostro de ese hijo presente ante Malinche. Nieto de Pachimal Ahix y bisnieto de Paxua, el conquistador.

Malinche, conmovido por la muerte de su padre, le regaló un collar que allí llevaba, de cuentas de Flandes, y le dijo que se fuera a hacer las exequias, que ya le llamaría después. Y sus principales nos dieron de beber y de comer en cantidades grandes, hasta que nos hartamos, como marranos cebados.

Y allí nos tuvo, cerca de su ciudad principal, en Tizatépetl, entre dos ríos. Seis días holgamos con muy buena comida y obsequios.

Hartos de peleas y búsquedas. Por fin en el solaz del descanso puro, reconfortados. Varias hembras tuvieron Malinche y sus soldados. Luego que se hubieron acabado las vituallas y comidas nos llevaron a otro pueblo, Teutiarcas, donde los aposentos fueron mejores y más las hembras para los soldados y sus apetitos.

Alguien, quizá el mismo jefe de aquellos de Tizatépetl, le reveló a Marina, la lengua, de la treta del emisario, y reveló que el señor de Acallán seguía vivo y sólo buscaba tiempo o disuadir a los teules de entrar en su territorio. Lo hizo saber a su señor y capitán, quien encolerizado trajo de nuevo al dicho hijo de Pax-Bolón-Achá: de ojos vivarachos como xolozcuitle.

Lo hizo regresar con su flota de canoas y le espetó en la cara su mentira. Tanta su buena voluntad, dijo Malinche, que no comprendía la negativa de su padre en verlo. Muchas buenas obras y auxilio había procurado a las gentes de su tierra.

—Ve a Itzamkanac y trae a tu padre, que me place verlo.

Al día siguiente se presentó Chac Paloquem, uno de los que ustedes dicen príncipes mayas, ante Cortés, con muchos otros bien ataviados y solícitos, y nos llevaron con gran séquito a su ciudad principal, donde residían.

Y otra vez hubo gran festín y muchos buenos obsequios.

❊ ❊ ❊

Tiempos tranquilos para los mactunes así perturbados por nuestra presencia extraña! Chac Paloquem quiso ver a mi señor Cuauhtémoc, y a los otros tlatoanis de Anáhuac, y hubo entre ellos mucho comedimiento y saludos y más reverencias y obsequios.

Pax-Bolón-Achá llegó después con los principales y gobernadores, como ustedes los llaman, de sus pueblos. Hicieron sonar sus caracoles y retumbar sus tunkules con gran armonía.

Así habló Pax-Bolón-Achá frente a Malinche diciendo que bien tenía su presencia en estas tierras y que sólo quería saber a qué había venido. Así respondió Cortés, por boca de Gonzalo de Aguilar, que allí ya no requería más de Malintzin o doña Marina, como ya le llamaban todos los teules.

—Rey Pax-Bolón-Achá, aquí he venido a tus tierras, yo soy enviado por el señor del mundo, el emperador Carlos V, que está en su trono en Castilla y me envía a esta tu tierra a ver de qué gente está poblada. No vengo a guerras ni a discordias. Sólo te pido me despaches con buen recaudo a Hibueras —allí donde se coge la plata y la plumería y el cacao—, que me han dicho es muy rica y próspera. Sólo eso quiero ir a ver.

Pax-Bolón-Achá concedió el paso y, en señal de aceptación, abrazó a la lengua, Marina o Malintzin, oriunda de esas tierras mayas, allí muy cerca.

Sonaron de nuevo los tambores y los caracoles de los mactunes y volvió la fiesta que no otra cosa parecía ocurrir en esos lares.

En sus adentros mi señor sólo recitaba, como sus antepasados ante la fatalidad: ¿A dónde iremos que no haya muerte? ¡Ah, va a llorar mi corazón! Nadie vivirá para siempre.

En andas, postrado, saludó a los mactunes quienes se inclinaron ante Cuauhtémoc como ante un dios y le dieron también muchos obsequios y oro y cacao maduro, y flores del mismo fruto con las que adornaron su camino hasta el que habría de ser por unos días tan sólo su último aposento.

Cuando estuvieron solos, Pax-Bolón-Achá le preguntó a mi señor a dónde se dirigía con los teules. Todavía me duelen sus palabras:

—Es así que ya nos vamos a Castilla. Compadézcanse de nosotros, que tal vez no vuelvan a vernos. Debemos ir a prestar homenaje al gran señor que es el tlatoani allí en Castilla.

Duras y terribles las palabras del señor de los hombres ante las que Pax-Bolón-Achá respondió sereno:

—Que venga el señor nuestro, amo y soberano, nos haremos dignos de su presencia en estas tierras. Tomen todo lo nuestro y traten sin clemencia a los nuestros, sus súbditos, que somos sus humildes hijos y servidores.

Y así se estuvo mucho rato con zalamería y buen recaudo convenciendo al señor de los hombres de su buena fe y mejor corazón. Cuauhtémoc, dueño de la casa de los escudos y los dardos, lo escuchaba sin responder ya nada. Tampoco decían nada Coanacoch, tlatoani de Texcoco, ni su primo Tetlepanquetzin, tlatoani de Tlacopan. Muchas leguas nos separaban ya de Tenochtitlan como para reparar en las artimañas de aquel hombre que parecía entonces sincero.

Ya solos se burlan y ríen de las palabras del tlatoani mactún. Es de madrugada y no parece haber nadie allí. Beben cacao, muchas jícaras, y fuman tabaco, y sus cercanos los limpian y abanican con hermosas plumas. Allí, en sus lechos improvisados y pobres, los tlatoanis se sienten guerreros de nuevo. Bromean. Es Coanacoch quien inicia el juego:

—Señores muy queridos, la provincia que vamos a conquistar con los teules será para mí. Soy señor de Texcoco y desde que mi abuelo Netzahualcóyotl y su antepasado Izcóatl pactaron la división del lago, todo lo mejor es para los nuestros.

Hacía mucho que no miraba reír a Cuauhtémoc. Ahora sí, una gran carcajada precedió a su respuesta:

—Otros tiempos son aquellos de los que hablas, Coanacoch. En esos días nuestros ejércitos iban solos, y como el lugar de ustedes es nuestra antigua patria, los bienes eran primero para ustedes. Ahora no, en esta guerra nos ayudan los hijos de Tonatiuh, que mucho me quieren, y por ello la provincia que conquistaremos y que dicen Hibueras será para mí.

El primo del señor de los hombres también continuó la chanza:

—No, señores míos, muy queridos. Todo está al revés en estos tiempos. Y por ello, como soy señor de Tlacopan y siempre somos los últimos, esta vez seremos los primeros. La provincia conquistada será para mí.

Siguieron las libaciones de cacao. La mofa de la empresa hasta allí vivida. Entonces tomó la palabra Temilotzin, el tenochca, jefe militar o tlacatécatl:

—Ah, señores míos, tan llenos de palabras. No es bueno que nos burlemos así de la gallina que lleva el coyote con tal codicia, que no hay cazador que se la quite. O el pollito pequeño que arrebata un águila cuando no está su cuidador, por más que lo defienda su propia madre, como lo ha hecho Cuauhtémoc, que como buen padre defendió su tierra y a su pueblo. Todo el vasto señorío chichimeca careció siempre de paz y concordia, y fue tanta nuestra soberbia que padecimos las hambres y los fríos en compañía de los teules a los que ahora servimos sin agrado. Nos hemos quedado sin pueblo, sin señorío y sin dignidad y hemos regalado nuestra patria. Si nos vieran Neztahualcóyotl o Netzahualpilli, cómo verían dichoso su tiempo y este tan negro nuestro.

Rieron de nuevo. Coanacoch cantó:

—Soy cual ebrio. Lloro. Sufro. Sólo tengo presente. Ojalá nunca muera. Ojalá nunca perezca. Pero voy allá donde hay muerte, allá donde se triunfa.

Todos me escucharon a mí por vez primera en esa y en muchas noches. Les canté así:

—En vano nací. En vano vine a brotar en la tierra: soy un desdichado. ¡Qué harán los hijos que habrán de sobrevivirme!

Había tanto ruido que se llegaron hasta nosotros los señores de Acallán y pidieron hablar con el señor de los hombres y escuchar sus palabras sabias. Así les habló Cuauhtémoc, que ya no estaba para bromas:

—Estén contentos, hijos míos. No vayan a lugares extraños. Sean felices aquí y no causen dolor a las gentes de su pueblo. Sobre todo a los viejos, a los ancianos, a los niños que todavía están en sus cunas, a los que apenas están empezando a andar, a aquellos que ya están jugando. Tengan mucho cuidado de ellos y compadézcanse de su suerte. Que no se vayan a lugar extraño. No los abandonen. Yo se los recomiendo a ustedes porque nosotros nos vamos sin quererlo hasta Castilla, tal vez para no volver nunca y perecer allá. Hagan todo cuanto puedan con sus esfuerzos. Denle su bienvenida al señor que me acompaña y que sirve a otro tlatoani lejos del otro lado del mar. Luego ayúdennos a seguir nuestro paso.

Pax-Bolón-Achá respondió con aparente dolor:

—¡Oh, mi señor, y señor de todos los hombres! ¿Acaso eres tú nuestro súbdito así humillándote? No debes estar triste ni intranquilo. Estos son también tu dominio y tus tierras. Aquí están tus tributos. Que salgan ocho canastas de caña con oro amarillo y joyas y esmeraldas y collares de turquesa. Que salgan porque son de tu propiedad. Tu tributo.

—Es tu corazón, Pax-Bolón-Achá, quien me cede así sus riquezas, dijo el nieto del colibrí, el señor de los hombres, y el mactún le hizo otra reverencia.

Hubo muchos bailes con tambores y pelotas de pluma de quetzal y muchos cantos de tambores y flauta. Los más de dos mil indios que quedaban en la columna diezmada tuvieron esa noche su última gran fiesta.

El ruido y los rumores habrían de llegar, como tantas otras veces, hasta Marina, o Malintzin, la lengua de Cortés. Y hasta él también llegaron pronto los rumores y se le volvió a despertar el gran temor que le tenía a mi señor, que yo creo que no para otra cosa se lo trajo sino para que allí en Tenochtitlan no incitara a la revuelta ni sublevara a los suyos en contra de los teules que se quedaron a cuidar una ciudad que ya nunca sería nuestra.

※ ※ ※

La suerte estaba marcada para el dueño de la casa de pluma y esmeralda, para el señor de los hombres, águila del poniente. Cortés mandó preguntar qué hacían allí y de qué hablaban los caudillos y el señor de los hombres. Se le dijo la verdad: que estaban en fiesta y holgaban y reían bebiendo cacao. Preguntó entonces las razones del alborozo y la risa, que a Malinche el miedo no lo dejaba dormir nunca, según decían sus criados.

Malintzin, o Marina, o la lengua, lo mismo da, presentó ante Cortés a un otomí, Mexicalcíncatl por su lugar de nacimiento. Enano como yo, de nombre Cozcóltic, llamado por ustedes Cristóbal. Con él iban otros dos: Motelchiutzin, antiguo Calpixque que recaudaba en esas tierras los tributos para nuestra Tenochtitlan, a quien ustedes dicen Tapia, y el último, el más artero, el antes querido cihuacóatl de Cuauhtémoc, a quien llaman Juan Velázquez porque así lo bautizaron. Al llegar de regreso a Tenochtitlan, Cortés le dio a este grandes obsequios y casas y lo nombró gobernador indio de México en recompensa a su felonía.

Los tres hombres hablaron en su lengua a doña Marina, quien dijo a Cortés que el otro enano, Coztemexi Cozóltic, le había advertido que se cuidara pues el señor de los hombres planeaba acabar con los pocos más de doscientos teules que quedaban vivos al término de nuestra difícil travesía:

—Vente, hija Malinztin —dicen que le dijo— porque Cuauhtémoc revisa ya a sus guerreros. Aquí pereceremos nosotros y tu capitán don Hernando.

Luego agregó que los señores y pillis —o príncipes, como Malintzi tradujo para Cortés— se habían estado consultando toda la noche acerca de a quién pertenecerían esas tierras cuando mataran a todos los extranjeros, a los otomíes.

Pax-Bolón-Achá fue también llamado allí por el capitán Malinche. Se le preguntó entonces si sabía algo de los planes de Cuauhtémoc.

Así habló Pax-Bolón-Achá:

—Me dijo el Huey Tlatoani: «Señor ahau, estos españoles vendrá tiempo que nos den mucho trabajo y nos hagan mucho mal, y matarán a nuestros pueblos. Yo soy del parecer que los matemos, pues traigo mucha gente y los tuyos son también muchos».

Nuevamente mentiroso, hipócrita, Pax-Bolón-Achá no dice a Cortés lo que yo oí en esa conversación que refiere a Malinche, que él muy a gusto estaba con el plan y que le dijo a mi señor:

—Me veré en ello. Déjalo esta noche de fiesta, que mañana veremos cómo realizarlo.

Muy contento se había quedado el señor de los hombres ante las palabras del ahau palabras que no significaron nada sino traición.

Caía la tarde y el capitán Malinche se imaginaba cercado en ese pueblo de altas ceibas y matorrales y agua por todos lados. El ejército diezmado. El dolor en el cuerpo, la esperanza ya lejana de encontrar a Cristóbal de Olid al llegar a Hibueras. Los rumores de un levantamiento en su contra en Tenochtitlan, que le llegaron con los nuevos soldados que vinieron en barco desde Coatzacoalco. Pude ver su rostro cuando nos trajeron delante de él: no había otra cosa que rencor. Una furia, los ojos rojos de conejo. Sucio ese hombre de los tantos días de camino. Malinche quería que pereciéramos y, de no ser por ese soldado suyo que ya he dicho, Bernal, yo también hubiese allí mismo muerto. Él me cuidó y me llevó de regreso finalmente con mi señora Tecuichpo sólo para verme en más dolor y contemplar cómo la casaban tres veces más con tres teules de los que iba teniendo sus hijos. Pero en esos momentos ni siquiera mi vida importaba nada. Sólo tenía frente a mí a Malinche, como una rubia montaña. Su rostro ciego. Cortés no veía el horizonte, ni el mar, ni los días por venir. Sólo la cólera, la rabia verde. No preguntó mucho. Hizo traer a los señores de Tenochtitlan y antes de decirles nada colocó gruesas cadenas en sus piernas, como si no estuviesen presos desde antes, desde siempre.

Así habló Cuauhtémoc a Malinche cuando se le preguntaron sus planes, y refirió que como miraban a los teules ir descuidados y perdidos por los caminos, hacía ya muchos días que se venía hablando de ello. Que muchos soldados padecían y muchas enfermedades los habían muerto. De hambre habían perecido también los músicos, el volteador, los esclavos negros de aquel lugar que llaman África y que enferman muy rápido, como recién nacidos, y otros guerreros españoles, y la mayoría de ellos más querían morir que seguir adelante con su capitán, y que por ello, siendo los de Tenochtitlan más de tres mil y aunque traían armas y lanzas, no estaría mal que cruzando un río o entrando en una ciénega se les diese muerte al fin. Así se ha dicho mucho en esta travesía sin que nos opongamos a ello.

—Platicar sí, se ha platicado mucho. Y yo sé muy bien qué muerte me has de dar —así tradujo Marina o Malintzin las palabras de mi señor—, como te pedí que hicieras desde que me atrapaste en Tenochtitlan, cuando te señalé el cuchillo y te pedí que acabaras de una vez conmigo, pues ya no podía defenderme.

Así dijo, y habrá pensado otras cosas más. Como me había preguntado muchas veces en esos años de prisión, humillado: ¿qué puede ser salvado en el mundo de lo perdido? Todo se termina para él y lo sabe y quizá se consuela con ello. Lo han tirado en el suelo, pues no puede ponerse en pie y ya no lo llevan en andas. Pesan las gruesas cadenas en sus piernas.

Duelen los años de cautiverio en casa del Malinche, las penas y los grandes trabajos para reconstruir la ciudad, empezando por el acueducto de Chapultepec. Duele Tecuichpo en la lejanía. No tuvo tiempo de conocerla, ni de recibir su ternura o sus descendientes, que podrían luchar al menos contra los teules. Duele el ver a los suyos desprotegidos. A los niños que aún no caminan. A los que ya corren. A los que todavía juegan. A los ancianos que vieron con sus ojos el esplendor de otros tiempos. Duele la rabia y la impotencia. Duele el coraje y la derrota.

Duele el dolor.

Esas fueron sus últimas palabras. No así las de Tetlepanquetzin, quien así habló también:

—Más vale morir de una vez que seguir muriendo cada día en el camino, y ver la gran pena y el hambre de los esclavos y familiares.

Allá, a lo lejos, seguían los teponaxtles y la fiesta. Nadie parecía darse cuenta, salvo nosotros, de lo que aquí ocurría al caer el Sol. Cantaban y bailaban el retorno de los guerreros:

Perdida entre nenúfares de esmeralda la ciudad,
Perdura bajo los rayos de un verde sol México:
Los príncipes retornan al hogar
Niebla florida se tiene sobre ellos.
Como que es tu casa, Dador de la Vida;

Como que en ella sólo tú mandas, nuestro padre:
En Anáhuac vino a oírse el canto en tu honor
Y sobre él se derrama.

Donde estuvieron los blancos sauces
Y las blancas juncias permanece México
Y tú, cual garza azul, sigues volando sobre él.
Bellamente abres las alas y la cola
Para reinar sobre los tuyos y el lugar entero.

Entre abanicos de plumas de quetzal
Fue el retorno a la ciudad
Quedaba suspirando de tristeza
La ciudad de Tenochtitlan
Como el dios lo quería.

Eso allá, a lo lejos: con los tambores. Aquí el silencio, el presagio de la muerte. El miedo.

Cuauhtemotzin, el dueño de la casa de los dardos y las serpientes, caía con el crepúsculo, como su nombre. Y con él su primo, Tetlepanquetzaltzin, señor de Tacuba, y Coanacochtzin, señor de Texcoco. Los mortales mueren. Es el último día del señor de los hombres.

Esto digo, esto declaro, que salvó su pellejo Temilotzin, quien pidió a un fraile que lo bautizara allí mismo, y se dijo arrepentido en nuestra lengua, y Marina le tradujo a Cortés lo que allí decía ese pilli que más bien vimos innoble, poco digno de su rango de tlacaltécatl o, como ustedes dirían, capitán mexica. Los que traicionan siempre acaban mal. Este Temilotzin murió de miedo, como mueren los perros. De regreso de Hibueras se había escondido entre los tablones del barco. Temía el viaje a Castilla que le habían dicho. No imaginaba su regreso al lugar que los españoles llaman la Vera Cruz. Lo descubrieron allí, y lo llevaron preso frente a Cortés. Se arrojó al mar, como un loco. Nadie sabe si hubo alcanzado la costa, si se lo tragó una serpiente o se lo comió un lagarto o los peces se comieron a Temilotzin. Y en el caso de haber alcanzado la tierra, no podía dejarse ver, que lo hubiesen matado. Ni podía ocuparse en ningún trabajo. Nada se supo más del desgraciado de Temilotzin.

Esa tarde de carnaval o carnes tolendas, martes 28 de febrero del año 1525, según cuentan y miden el tiempo los teules, Temilotzin se salvó de la muerte apenas. El fraile tuvo permiso de apartarlo, pero no le quitaron tampoco las cadenas. Lo arrastraron fuera del lugar. A mí Bernal me abrazaba con espanto. Los mortales mueren. Mi hijito Cuauhtemoctzin dejará de existir en breve. Se está por poco tiempo en la tierra. Pax-Bolón-Achá, del lado del Malinche, como un teul más pero sin saber sus planes ni su lengua.

Como perros al cuello de los señores, los soldados del capitán Malinche que responden a su órden en español. Una orden que nadie traduce para nosotros y que sólo entendemos cuando sacan sus espadas y decapitan de un tajo la cabeza de Cuauhtémoc y de Coanacoach. La de Tetlepanquetzaltzin no se desprende, terca, del cuerpo, cuelga de la mitad del cuello y sus ojos de venado miran a Malinche. Lloran ante Cortés, que desenvaina también y termina la faena.

Los mortales mueren. Y los vivos lloran su muerte.

Lloramos todos allí, los tenochcas, que miramos cómo perecen nuestros señores a manos de los hijos del Sol. Me desprendo de Bernal y corro o me arrastro más bien por las cadenas hasta la cabeza del nieto del colibrí izquierdo y la recojo y la quiero atesorar, pero me la arrebata un soldado que juega con ella.

Empiezan a saltar de mano en mano las cabezas de esos hombres, como en un juego de pelota. Malinche enfurece y manda que paren.

Allí mismo Pax-Bolón-Achá señala un alto ixminché, al que ustedes dicen ceiba. Y de allí cuelgan los cuerpos de nuestros señores; con los pies aún encadenados los atan, sin cabeza, a las ramas. Y debajo de los cuerpos ponen las cabezas y yo le digo a Bernal en mi lengua que se han equivocado, que ninguna corresponde al cuerpo, y él me mira y me ayuda a arreglar el error y pone las dichas cabezas ahora sí sobre tres estacas de madera, ahora sí en su lugar correcto.

Los mortales mueren y sus cuerpos son como trapos sucios que se queman al Sol.

Y sus cuerpos se balancean, ya sin vida.

Muchas lágrimas de todos los nuestros, que ahora sí terminan la fiesta, pues los soldados de Malinche los hacen traer a ver el final de sus señores. Asimismo los mactunes son traídos a mirar el castigo y también lloran.

¡Cuánta lágrima y cuánto dolor el nuestro!

Se hace de noche. Alguien pide a Cortés clemencia para los cuerpos y se nos concede al fin poder quemarlos. A cada uno por separado se le prende fuego. Y se alimenta la hoguera con madera y con hierba seca, muy escasa allí en esas tierras de mosquitos y de agua. Y prender los cuerpos y las cabezas de los señores. Se construyen con rapidez unos atados para los cadáveres, que no da tiempo ya de amortajar, y que están cercenados como los cuerpos de unos animales. Los mactunes ayudan con tres perros que incineramos junto a ellos, su compañía a la tierra de las sombras y los muertos.

Así sufrimos esa tarde en Acallán Hueymollan, en territorio mactún. Y se acabaron nuestros años y nuestros tiempos. Todo es del teul, ahora. Hasta las victorias son de otros. Por eso escribí esto, porque es de lo único que soy dueño ya, de mi memoria. De mis recuerditos que tampoco sirven cuando se está viejo y enfermo. Yo viajé hasta Hibueras y luego regresé a Tenochtitlan, y desde entonces sirvo a una señora distinta, que yo sigo llamando Tecuichpo, y que todos nombran Isabel de Moctezuma.

Los mortales mueren. Ella ya no recuerda a Cuauhtemoctzin Xocoyotl, el águila que cae, su segundo marido, a quien apenas conoció. Ella también es muy vieja y su cuerpo enjuto requiere muchos cuidados y cariños para no romperse como una caña de lago en tiempo de secas. Tiempo de secas es nuestro tiempo desde entonces. Desde esa tarde que ahora recuerdo con tristeza.

Ocurrió en la tierra de Pax-Bolón-Achá. Allí se perpetró la traición y el capitán Malinche Hernando Cortés ejecutó al último señor de los hombres y nosotros le ayudamos a viajar al Mictlán, ya muy de noche, que era oscuro y nada veíamos más que el fuego muy alto de sus cuerpos, la ceniza en la tierra, su morada. Los mortales mueren y hay que dejarlos morir del todo. Hay que quemarlos para que viajen en paz con sus abuelos y sus padres, a la casa de los muertos, la casa que no tiene puertas ni ventanas.

Ha pasado mucho tiempo, ya no sé cuánto desde esa noche. Yo soy ahora un anciano pero todavía huelo la cabellera de Cuauhtémoc, que arde en la pira de su muerte. Miro sus ojos últimos que contemplan espantados la espada que lo asesina. Huelo esos cabellos cual si estuviesen hoy quemándose. Es un olor amargo, como de semilla tostada.

Y es un dolor que duele.

Los mortales mueren. Mueren del todo. Mueren para siempre.

Dramatis personae

Ahuízotl.
Octavo gobernante mexica. Padre de Cuauhtémoc.

Ana Rodríguez.
Sirvienta en la casa de Coyoacán.

Axayaca.
Hijo de Moctezuma.

Bernal Díaz del Castillo.
Soldado de confianza de Hernán Cortés que luego escribiría las crónicas *Historia verdadera de la Conquista de la Nueva España.*

Cacama.
Señor de Texcoco que intenta liberar a Moctezuma.

Caltzontzin, rey.
Zapato viejo, rey tarasco que sólo sucumbió ante los españoles y murió víctima de la viruela.

Carlos v.
Hijo de Juana I de Castilla y de Felipe I de Habsburgo. En 1516 fue proclamado rey en Madrid y se convirtió así en el primer monarca hispano de la casa de Austria. Murió en 1558.

Catalina Juárez de Marcayda.
Primera esposa de Cortés.

Coanacochtzin.
Tlatoani de Texcoco, apresado y ahorcado con Cuauhtémoc.

CRISTÓBAL DE OLID.

Soldado de Cortés. Diestro para la guerra se le rebela en las Hibueras.

COYOLXHAUQUI.

Joven en la que caían los cuerpos de los sacrificados.

COZTEMEXI COZCÓLTIC.

Enano, llamado Cristóbal, que junto con Mexicalcíncatl siembra la duda en Marina y Cortés sobre el alzamiento por parte de Cuauhtémoc.

CUAUHTÉMOC.

Así se llamaba al Sol en el ocaso. Nombre predestinado que significa "Águila que cae" y lleva el último, décimo primer tlatoani azteca. Hijo de Ahuízotl. Fue señor de Tlatelolco. Sobrino de Cuitláhuac, décimo Huey Tlatoani.

CUILONES.

Todos los cobardes.

CUITLÁHUAC.

"Al cuidado de alguien". Penúltimo, décimo, tlatoani. Hermano de Moctezuma II. Era señor de Iztapalapa a la llegada de Hernán Cortés.

CHAC PALOQUEM.

Príncipe maya que presenta viandas a Cortés en su viaje a las Hibueras.

DIEGO SORIA.

Mayordomo de la casa de Coyoacán.

DIEGO VELÁZQUEZ.

Gobernador de la Isla de Cuba. Apoya a Cortés cuando este llega y finalmente lo manda perseguir.

FRANCISCO DE LAS CASAS.

Soldado muy cercano a Cortés que le trae noticias sobre los navíos de Cuba en la Villa Rica de la Vera Cruz.

FRAY BARTOLOMÉ DE OLMEDO.

Fraile que cuestiona a Cortés sobre la muerte de su esposa Catalina.

Gonzalo de Salazar.

Soldado, gran estratega de Cortés. Participó en la aprehensión de Cuauhtémoc.

Hernán Cortés.

Conquistador español oriundo de Castilla (1458). Participó en la expedición a Cuba en 1511. En 1519 se embarcó en la encomienda de Diego Velázquez a Yucatán. Allí comenzó la conquista de la tierra que llamaría: Nueva España, en donde derrotaría al mayor Imperio de América del Norte: el azteca. Consumada la conquista que duró dos años. Los detalles de la conquista de México, así como los argumentos que justificaban las decisiones de Hernán Cortés, fueron expuestos en las cuatro *Cartas de relación* que envió al rey. En 1522 fue nombrado gobernador y capitán general de Nueva España. Murió en España pero pidió que sus restos se depositaran en la Nueva España.

Huitzilopochtli.

Dios principal de los mexicas. Representante del Sol y la guerra.

Itzcóatl.

Serpiente armada de pedernales. Cuarto Huey Tlatoani de los mexicas.

Ixtlixóchitl.

Hermano menor de Cacama que traiciona a su hermano, lo entrega a Cortés y pide el trono por esta acción.

Jerónimo Aguilar.

Español que llegó antes que Cortés a las tierras americanas. Fue traductor del maya al español.

Juan Bono.

Soldado que llegó de Castilla luego de la Conquista, casado con una mujer de títulos y dote.

Juan Jaramillo.

Soldado de Cortés, cercano. Su capitán lo casa con la Malintzin.

Juan Juárez.

Cuñado de Hernán Cortés.

Juan Velázquez.

Antiguo cihuacóatl de Cuauhtémoc. Después de traicionarlo es nombrado por Cortés gobernador indio de México.

JUANA DE ZÚÑIGA.
Segunda esposa de Cortés, de gran abolengo, hija del Conde de Aguilar, don Carlos Ramírez de Arellano y sobrina de Álvaro de Zúñiga, duque de Béjar.

MACEHUALES.
La gente del pueblo que paga tributos, sin privilegios.

MACUILLI.
Espía de Cuauhtémoc en la prisión de Moctezuma.

MALINCHE.
Nombre que le dieron a Cortés los mexicas por estar al lado de Malintzin.

MALINTZIN, MALINALI TENÉPATL, DOÑA MARINA.
Indígena docta en la lengua náhuatl, maya y otros dialectos. Oriunda de Coatzacoalco, llega en la comitiva de 1519 del señor de Potochtlán como regalo para los recién desembarcados en Tabasco. Será la madre del hijo de Hernán Cortés: Martín Cortés, y se casará con Juan Jaramillo.

MARÍA DE MARCAYDA.
Suegra de Hernán Cortés.

MARÍA DE VERA.
Sirvienta cercana a Catalina Juárez, llega con ella de España.

MAZATZIN.
Enviado, espía y sirviente de Cuauhtémoc.

MEDRANO.
Soldado español de quien cuentan que se comió los sesos de su compañero Montesinos.

MEXICALCÍNCATL.
Otomí que junto con Cozcóltic incita al linchamiento de Cuauhtémoc a Marina y a Cortés.

MOCTEZUMA XOCOYOTZIN.
"El joven". Noveno gobernante mexica. Sobrino de Ahuízotl.

MOTELCHIUTZIN.

Antiguo Calpixque recaudador de impuestos para Tenochtitlan que después será llamado Tapia.

MUJER DE SORIA.

Esposa del mayordomo de la casa de Coyoacán, Diego de Soria.

NEZAHUALCÓYOTL O NETZAHUALPILLI.

Señor de Texcoco, contemporáneo de Ahuízotl. Poeta.

OBDULIA JUÁREZ.

Hermana menor de Catalina Juárez que tiene amoríos con Diego de Velázquez.

OCUILIN.

Enano huasteco, prisionero de una guerra florida del rey Ahuízotl que se quedó al servicio de Cuauhtémoc.

OMECÍHUATL.

La señora de la dualidad. También llamada Tonacatecuhtli, señora de nuestros alimentos y Citlalatónac.

OMETECUHTLI.

El señor de la dualidad. También llamado Tonacatecuhtli.

QUETZALCÓATL.

Dios creador; serpiente emplumada. Salió hacia el oriente tras la ruina de Tula y juró regresar tres siglos antes de la llegada de Hernán Cortés, al que confundieron con el dios.

PÁNFILO DE NARVÁEZ.

Soldado español que envía Diego Velázquez, gobernador de Cuba, para someter a Cortés que se encontraba en Tenochtitlan.

PAX-BOLÓN-ACHÁ.

Cacique maya chontal que recibe a Cortés en sus tierras mayas.

PEDRO DE ALVARADO.

General del ejército de Cortés. Responsable de la rebelión ocurrida en el Templo Mayor de Tenochtitlan.

PERALMÍNEZ CHIRINOS.

Soldado que alerta a Cortés sobre el conflicto en las Hibueras.

PETRONILA DE FONSECA.

Sobrina del Obispo, propuesta para casarse con Hernán Cortés.

PRINCESA DE TIYACAPANTZIN.

Madre de Cuauhtémoc.

Tecuani.
Fieras salvajes.

Tecuichpo.
"Copo de algodón". Fue esposa de Cuitláhuac, y cuando este murió se casó con Cuauhtémoc.

Tetlehicol.
Hijo de Moctezuma.

Teules.
Así nombraron, como señores o dioses, a los españoles.

Temilotzin.
Noble pariente de Cuauhtémoc que es apresado junto con el Tlatoani.

Tetlepanquetzaltzin.
Tlatoani de Tacuba, apresado y ahorcado junto con su primo Cuauhtémoc.

Tezcatlipoca.
Dios del espejo negro. Dios creador.

Tlacutzin.
Noble pariente de Cuauhtémoc que es apresado junto con el Tlatoani.

Tláloc.
Dios de la lluvia, de los rayos y los truenos.

Tonán Tlazoltéotl.
Adivinadora del futuro.

CRONOLOGÍA

1116, Año 1 Pedernal. Aztlán lugar de las garzas es abandonado por la tribu de los chichimecas para seguir el augurio de su dios Huitzilopochtli hasta el lugar donde encontraran las señales: un águila erecta sobre un montón de piedras en las que crecía un nopal que llevaba en el pico el símbolo de la palabra guerra: *atl-tlachinolli.* Así llegarían a Tenochtitlan.

1492, Año 13 Pedernal. En España, don Cristóbal Colón zarpa con tres barcos de Castilla y lo acompañan 120 soldados. Desembarcaron y se instalaron en la isla que llamarían Santiago de Cuba, en donde hacen fundaciones, y regresa a Castilla llevando personas y metales de aquellos lindes hasta entonces desconocidos para los españoles.

1496, Año 4 Pedernal. En este año hubo eclipse de sol y se vieron las estrellas. También hubo terremotos que tira ron las casas.

1497, Año 5 Casa. Posible año del nacimiento de Quauhtemoctzin Tlacatecuhtli Xocoyotl: Cuauhtémoc-Tlacatecuhtli ("Águila que cae"). Hijo del último soberano de México, Ahuízotl ("El que azota"), y de una princesa tlatelolca, Tiyacapantzin. Descendiente por línea directa de la nobleza indígena del país.

1502, Año 10 Conejo. Muere Ahuízotl, octavo rey de México. Cuauhtémoc queda huérfano de padre a los cinco años. Su madre, la princesa de Tiyacapantzin, hija de Moquíuix, queda a cargo de su educación. La muerte de Ahuízotl ocurre tras un golpe en la cabeza con el dintel, después de que hizo traer las aguas del manantial llamado

Acuecuexco en 1500, mientras huía de la inundación provocada por el señor de Coyoacán. Fue sucedido por Moctezuma, el menor. Hubo una sequía severa.

1507, Año 2 Caña. En este año se realizan ceremonias de fin de año.

1508, Año 3 Pedernal; 1509, Año 4 Casa; 1510, Año 5 Conejo. Aparecieron en el cielo ciertas señales luminosas. Eran agüeros espantosos. Cuauhtémoc debió de estar en el Calmécac, escuela de la nobleza mexicana.

1515, Año 10 Caña. Cuauhtémoc alcanzó el rango de *tecuhtli* y pudo ser señor de Tlatelolco, la patria de los mexicas septentrionales, y tribu a la que pertenecía por herencia materna.

1517, Año 12 Casa. Desembarca Hernández de Córdoba en la costa de Yucatán, capitaneando a 110 españoles. Cuatro navíos, conducidos por un piloto que fuera grumete en el cuarto viaje de Colón: Antón Alaminos. Las guerras con los tlaxcaltecas y el intento por dominar Huexotzingo, por parte del pueblo mexica, continúa.

1518, Año 13 Conejo. Los mexicas entran en guerra, nuevamente, con los huexotzincas.

1519, Año 1 Caña.

10 de febrero de 1519. Hernán Cortés, hidalgo extremeño de Medellín, deja las costas de Cuba para iniciar la conquista del mundo indiano. Se embarca rumbo a Cozumel; cuando desembarca es obsequiado con oro, objetos y mujeres indígenas, entre ellas Malintzin, que sabe lenguas y traduce del nahuátl y otros dialectos al español. Los centinelas mexicanos de la costa informan a Moctezuma del regreso de las naves. Este envía una embajada para recibirlos con obsequios. Los españoles empiezan a moverse partiendo de Cempoala, 400 españoles, 15 caballos, 6 tiros de cañón, 1600 indígenas totonacas aliados, rumbo a la meseta. Cortés confirmaría el nombre de aquel suelo: Nueva España. Moctezuma había ordenado a los señores nahuas de la confederación que hospedasen, honrasen y proveyesen a los españoles. En Tlaxcala libran una cruenta batalla los extranjeros contra los oriundos de ese lugar, logrando que se alíen con ellos para entrar en Tenochtitlan y pelear contra los mexicas. Toman el camino por Cholula, donde desatan una matanza ante la posible afrenta de los cholultecas, y después marchan hacia Chalco y Amecameca para llegar a donde Moctezuma.

8 de noviembre, Año 1 Caña, 1 Viento del mes Quecholli. Cortés y los suyos entran en la imperial México-Tenochtitlan. Se encuentran los dos: Moctezuma y Cortés, con sus séquitos a la entrada de la isla. Se intercambiaron collares: Cortés le cuelga uno de cuentas de vidrio y margaritas, y Moctezuma uno de caracoles con camarones de oro. Cortés fue llevado al palacio de Axayácatl. Cortés le pide a Moctezuma que se dé por prisionero; este rehúsa primero, y luego accede por cobardía (finge que es el designio de Huitzilopochtli). También son apresados Cacamatzin, señor de Texcoco, e Itzcuauhtzin, regente de Tlatillulco. Los mexicanos (entre ellos Cuauhtémoc) contemplan la hoguera de los nobles de Nautla y Cuauhpopoca. A diferencia de Moctezuma, Cuauhtémoc se rebela contra el mito de Quetzalcóatl. Durante una semana, Cortés y los suyos recorren la ciudad. El pueblo se rebela contra Moctezuma, los príncipes están enojados y no lo obedecen.

1 de diciembre. Cortés le insiste a Moctezuma en derrocar los ídolos del Templo Mayor. Este finalmente accede a que los castellanos levanten un altar en un rincón de la pirámide del templo, alzando una cruz de madera y colocando la imagen de la virgen. Se dice la primera misa pública en el México indígena. El rumor de guerra se extiende. Diecinueve carabelas han anclado en San Juan de Ulúa. La viruela también ha encallado.

Mes Tóxcatl. Durante la fiesta en honra del dios Tezcatlipoca —aprobada por Pedro de Alvarado a cambio de que no hubiera sacrificios— se desata una lucha sin par, movida por la ambición de Alvarado. Entre los nuevos caudillos se encuentra Cuauhtémoc. Cuitláhuac es liberado por los españoles para calmar a los indígenas. Cuautémoc pasaría a la historia como el caudillo de la rebelión, y Cuitláhuac como el héroe de la expulsión, pues derrota a los extranjeros en la que será llamada: Noche Tenebrosa.

1520, Año 2 Pedernal.

24 de junio. Año en que Cortés regresó a la Ciudad de México después de librar la afrenta con Narváez. La guerra continúa entre los indígenas que cercan el palacio de Axayácatl con piedras y flechas. Cortés insta a Moctezuma para que hable a su pueblo. Moctezuma accede en varias ocasiones, pero cuando el rey le pide a los suyos parar la lucha, se le apostrofa "mujer de los españoles". En el último intento por hablar, finalmente una lluvia de piedras y flechas cae sobre el débil monarca. Según los españoles, fue el pueblo el asesino del monarca. Según los indígenas fueron los españoles.

30 de junio. Cortés decide, ante la fuerza indígena, abandonar la conquista. Es la Noche Tenebrosa o la Noche Triste. Más de 400 españoles y la casi totalidad de los indios tlaxcaltecas desapárecieron. Sólo quedó una veintena de caballos. Los días que siguieron a la Noche Tenebrosa fueron de duelo y victoria para los mexicas. Tres ceremonias realizarían: el sacrificio de los prisioneros teules; el duelo de los caídos; y la elección y consagración del nuevo señor: Cuitláhuac. Cuauhtémoc dio su voto. También fue ungido como Tlatoani: Coacochtzin. Cuando el Imperio empieza a incorporarse: llega una epidemia de viruela o *huezáhuatl*. En Otumba se desarrolla una cruel batalla con los españoles que sobreviven, con Cortés y los indígenas que los habían seguido hasta ese valle. Al morir el jefe de los mexicas, los guerreros pierden la concentración y huyen o son muertos por los españoles.

23 de octubre. Mes Quecholli. Murió a los ochenta días el señor de México: Cuitláhuac: "Solamente ochenta días gobernó: terminó el mes de Quecholli en el cual murió. Murió de calentura".

Septiembre. Año en que Cuauhtémoc ocupa el trono de su tío Cuitláhuac, sucesor a su vez de Moctezuma. Cuauhtémoc tenía entre 23 y 25 años de edad. La ceremonia de consagración no se realizó de inmediato sino hasta después de los nemoteni.

1521, Año 3 Casa.

7 de enero. Regresa Cortés sobre la Ciudad de México. Cuauhtémoc fortifica la ciudad. Buscaba hacer alianzas con los pueblos aledaños. Cuauhtémoc había decidio encerrarse en la isla hasta hacerla su tumba o el lugar de su victoria. Los españoles colocan 12 bergantines. Cortan suministro de agua, alimentos y logran ir cercando y debilitando a los mexicas.

1 de marzo. Coronación de Cuauhtémoc como el onceavo y último Huey Tlatoani.

5 de abril. Cortés abandona la ciudad base de sus operaciones, Texcoco, para dirigirse hacia Chalco. Es una lucha peligrosa con los enviados de Cuauhtémoc.

26 de mayo. Al saber que los bergantines que había mandado hacer Cortés, son botados al lago —para lo cual antes había tomado Xochimilco—, Cuauhtémoc prepara un ataque de 2000 canoas con 12 000 indios para reconquistar el lago. Fue en esta fecha cuando hubo el primer intento dirigido a la toma de la ciudad. Cortés pide anuencia con Cuauhtémoc, que le da largas.

28 de mayo. Mes y medio antes de que cayera la ciudad estuvieron los aztecas a punto de exterminar a los españoles. Pero estos redoblaron sus esfuerzos, y fueron retraídos.

13 de agosto. Era día de san Hipólito. Holguín, Sandoval y Olid se apresuran a capturar al emperador, que iba en una canoa e iba a ser disparado; una vez prisionero, lo presentan a Cortés. El sitio había durado 75 días. Sobre el lago de México flota una muchedumbre de cadáveres y también son numerosos los muertos en las calles y patios de Tlatelolco.

1524, Año 6 Pedernal. Llegan los doce primeros franciscanos a la Nueva España.

1525, Año 7 Casa.

Principios de febrero. Cortés emprende su expedición a las Hibueras, lleva consigo a Cuauhtémoc, a Tetlepanquetzal y a Coanacoch, señores de México y Tlacopan, y tropa en número de 3000 guerreros. Cuauhtémoc es ahorcado por el Conquistador en Itzamkanac, capital de la Gran Acallán.

26 de febrero. Cortés llega a una pequeña población perteneciente a la provincia de Acallán cuya capital es Itzamkanac, en campos del hoy Petén guatemalteco. Cuauhtémoc recibe ahí la visita de los señores de Acallán.

28 de febrero. Noche cristiana del carnaval. Un hombre denuncia a la Malintzin y esta le cuenta a Cortés que los hombres de Cuauhtémoc traman aniquilarlo. Cortés ordena que se aprehenda a los señores de México y los hace colgar de una ceiba. Así termina la vida de Cuauhtémoc. "¿Por qué me matas sin justicia? Dios te lo demande, pues tú no me la diste cuando te entregué mi persona en mi Ciudad de México". Voces lanzadas por Cuauhtémoc a Cortés, antes de morir en el anochecer. Se dice que fue en Itzamkanak y la cercana Tuxkahá o Teotílac en la cuenca del río de la Candelaria.

29 de diciembre. Motolinía ordena que sean sacados de su tumba los restos de Cuauhtémoc, y les da nuevamente entierro en el centro del Teocalli sagrado del señorío de Ichcateopan. Sobre ellos construye un altar y sobre el altar edifica una iglesia. Cuatrocientos años después, una confesión pública hecha en la iglesia de Ichcateopan da origen al descubrimiento de la tumba.

Equivalencias cronológicas entre calendarios

1518	Año 3 Conejo		1528	Año 10 Pedernal
1519	Año 1 Caña		1529	Año 11 Casa
1520	Año 2 Pedernal		1530	Año 12 Conejo
1521	Año 3 Casa		1531	Año 13 Caña
1522	Año 4 Conejo		1532	Año 1 Pedernal
1523	Año 5 Caña		1533	Año 2 Casa
1524	Año 6 Pedernal		1536	Año 5 Pedernal
1525	Año 7 Casa		1539	Año 7 Conejo
1526	Año 8 Conejo		1542	Año 10 Casa
1527	Año 9 Caña			

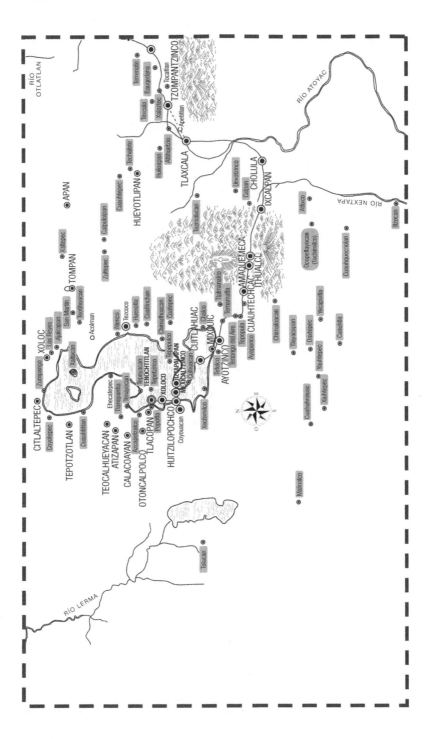

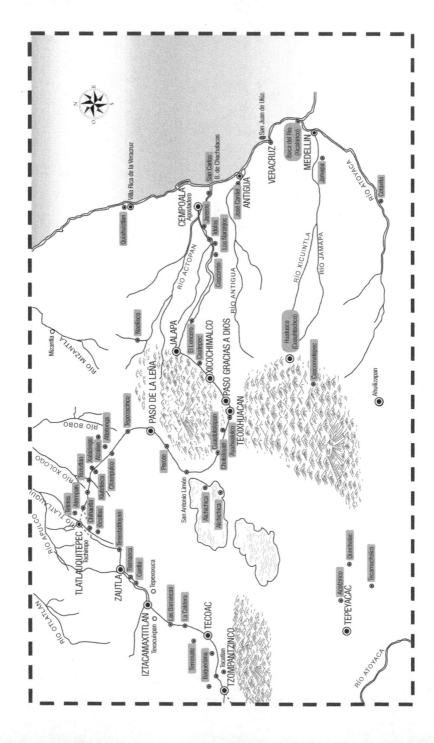

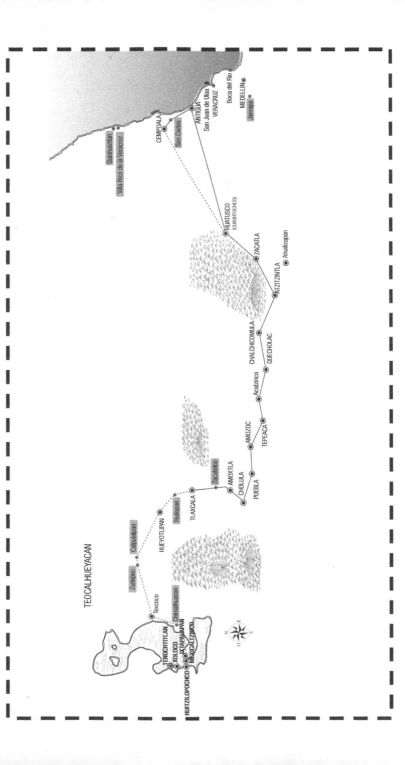

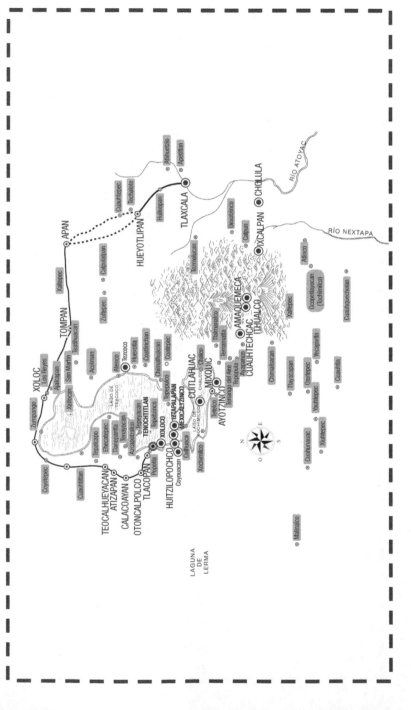

CONSTANCIA DE LOS HECHOS

Auhnican Motlatocatlali Quauhtemoctzin Tlacatecuhtli Xocoyotl Cuauhtemotzin Tlacatecuhtli. Ypa matlatli acatl (xihuitl). Ypa acico Gastilteca qui (n) ye nauhxihuitl Rlatocati y nican Tlatilulco. Y sí, quizá eso sea lo único cierto que sabemos de Cuauhtemotzin, el Joven, como afirma muy bien la historiadora Josefina Muriel: cuando llegaron los españoles ya hacía cuatro años que era gobernador militar (tlacatécatl), que no rey ni señor, de Tlatelolco. Ahondar en su biografía ha sido una tarea grata, pero llena de vicisitudes. Por tres años consecutivos revisé códices indígenas y versiones de los conquistadores o de los frailes, como Diego Durán. Las tardías de los muchas veces (des)informantes de Sahagún y las más conspicuas de Alva Ixtlixóchitl o de Alvarado Tezozomoc, cada una jalando agua para su molino. Los documentos de la comisión que refutó a la polémica señorita Eulalia Guzmán y las probanzas de los descendientes de Moctezuma —o del propio Cuauhtémoc si pudiésemos afirmar que tuvo hijos, cosa que también puede ser puesta en duda—; las biografías absurdas y las eruditas: cientos de miles de páginas que dicen lo contrario unas de otras. Incluso hallé una pequeña joya bibliográfica de la —también— señorita Gertrudis Gómez de Avellaneda, extraña recreación del que ella llama último emperador azteca.

Y allí están entre muchos otros los versos de Ignacio Rodríguez Galván y una extraña ópera en italiano y, tangencialmente, el brillante *Motezuma* de Vivaldi, y toda la iconografía popular, antípodas de un imposible encuentro de formas occidentales con una materia evanescente, un pasado que la conquista —material y espiritual— buscó enterrar tan hondo como pudo. Y siempre, como un terco géiser, emerge y echa su chorro de vapor, candente y silenciado, nunca silencioso. Como lo hizo en la única obra literaria sobre el tema que vale la pena, a pesar de sus impostaciones lingüísticas, *Corona de fuego*, de Usigli.

Antes de iniciar la escritura de estos pequeños amoxtli, humildes códices atribuidos a un enano acompañante de Tecuichpo, y del mismo último tlatoani azteca, me di cuenta del berenjenal en el que me había metido, el más complejo de esta trilogía de sacrificios históricos que empezó con Zapata y siguió con Morelos. Me explico: cada una de las escenas que la historiografía recoge de Cuauhtémoc puede refutarse o ponerse en duda: su familia y su linaje —¿fue sobrino segundo o primo de Moctezuma?—, su carácter guerrero y quizá sacerdotal, su falso reinado en Tlatelolco —del que fue gobernador militar pero cuya prosapia los propios tlatelolcas niegan en sus textos al llamarlo, siempre, tlatoani tenochca, aunque se le atribuya una cédula de que parecería convertirlo en lugareño—; si acaso asesinó a los legítimos hijos de Moctezuma para poder hacerse del trono, y cuándo. Otro asunto que pese a ser pasto de historiadores está lleno de prejuicios occidentales, ya que la elección no era hereditaria, como en otras tradiciones monárquicas. Lo que parece más cierto es que ya convertido en Huey Tlatoani, sí se deshace del estorbo, junto con otros *pilli*, o nobles, que representaban algunos de los hijos de Moctezuma Xocoyotzin.

Es más, ni siquiera sabemos si fue Isabel de Moctezuma, Tecuichpo o María, Xuchimatzatzin, la hija mayor del antepenúltimo soberano azteca, quien se casó con él. Este libro opta por la primera versión, la más literaria y la que tiene más documentos detrás para sustentarlo. Pero pudo tener varias mujeres, como cualquiera de sus ancestros. Tal vez las dos hijas fueron sus legítimas esposas. ¿Y qué es o no legítimo en un mundo como el que le tocó vivir, donde su propio universo se desintegró del todo y la misma Tecuichpo parece haberse casado con tres españoles y, según algunos, tuvo un hijo del mismo capitán Malinche, Cortés?

Pasado el problema de la veracidad —que convertí para esta novela, nunca una biografía, empresa imposible e inútil, en un asunto de verosimilitud—, había que responderse la pregunta más central para este género literario tan lábil: ¿quién cuenta la historia? ¿Y desde dónde? Juan José Saer, siguiendo el modelo de la más importante novela de Antonio di Benedetto, *Zama*, lo logró para su contexto en una anticrónica de conquista, *El entenado*, acaso una de las novelas latinoamericanas más ignoradas y más esenciales. La libertad de esa lectura fue mi divisadero: el enano o bufón o acompañante que narra esta historia no tiene por qué asumirse como un español impostado del siglo XVI sino que nos habla desde la intemporalidad lingüística de quien no posee otro idioma que el de la literatura ni otra verdad que importe sino la verdad simbólica de sus palabras.

Y escribo lo anterior sin ánimo de defensa frente a los historiadores; ya mucho he fatigado al lector en estas páginas y sus interpretaciones de los hechos, mismas que, curioso y paciente, ha dejado atrás si está ya leyendo las páginas finales. La casa de la ficción es un territorio que impone sus propias reglas pero es una ínsula de libertad casi infinita hasta que se coloca la primera palabra en la página blanca. Entonces ya el novelista es preso de los propios límites de su relato; la invención y la trama así sujetos por ese duende del relato que es el *tono*, encuentro imprevisto siempre, pero siempre dulcísimo.

Hace muchos años, desayunando con Edmundo Valadés y Juan Rulfo en Zacatecas platicábamos sobre cuáles de nuestros personajes históricos eran más novelables. Valadés opinó que Benito Juárez, Rulfo pensaba en Porfirio Díaz, y yo tercié con toda mi juventud como bandera; dije dos incluso, incauto:

—Moctezuma y Cuauhtémoc.

—No sirven para un libro —sentenció Rulfo, quien estaba singularmente afable esa mañana de homenaje a su amigo el creador de la revista *El Cuento*— o son mudos o son de cartón.

Esa lápida me ronda desde entonces y no sé aún si logré darles voz alguna o quitarles lo estereotipado. Es cierto que sólo desde una especie de recreación ficticia de lo oral podemos acercarnos a una discursividad rota. Se equivocaba del todo Neruda en su *Canto general* cuando escribió: "Se llevaron el oro, nos dejaron las palabras". Se llevaron el oro y se llevaron las palabras. Este es un grito literario, no una imposible y folclórica recreación de un modo de decir que ya no es nuestro. Oe Kenzaburo afirma que el novelista es lo más parecido a un payaso. Sólo que es un payaso que también habla de la tristeza. Y dice, además, que el verdadero narrador —como el músico— prueba y mejora, en tanto que el músico sólo ejecuta sus variaciones sobre un mismo tema. Novelar es ensayar; éste es el género del descubrimiento, no de la certeza, por ello es quizá el más adecuado para encontrar guardada en lo escondido cierta verdad que se nos escapaba antes de estar escrito el libro. En ese sentido hay dos influencias no literarias que quiero reconocer aquí: la puesta en escena de Bob Williams de *La mujer sin sombra* de Richard Strauss, que me recomendó con tino Sergio Vela, y la interpretación de una sonata, la opus 32 de Beethoven que escuché de Uchi da Mitsuko. De la primera quise aquí utilizar la sutileza de la luz, los elementos fantasmagóricos del decorado, como si en literatura pudiese vertirse toda la plasticidad del color o la novela pudiera ser un grito mudo en donde lo único que expresa es el cuerpo, como en una coreografía de Pina Bausch. De la segunda, en cambio, proviene la infinita melancolía de ciertos fragmentos, la repetición constante como forma de contemplar, desde la lejanía, el destino de un hombre y un pueblo.

Este libro, como tantos otros, ha sido escrito gracias a la generosidad de amigos y colegas. Diana Isabel Jaramillo se encargó de una cronología inicial y de trazar el esqueleto de las que definimos como escenas más importantes de la vida de nuestro joven abuelo (así le llamó López Velarde con tino a Cuauhtémoc). Jorge Alberto Lozoya, Alberto Castellanos Barragán, Juan Gerardo Sampedro y José Prats Sariol con infinita generosidad gastaron su tiempo y pestañas en leer el manuscrito, y me impusieron el calvario de seguir su erudición e inteligencia en innumerables sugerencias y vericuetos. Moisés Ramos me ayudó a afinar el tono, gracias a sus lecturas de los viejos señoríos de Cuautinchán. Germán Montalvo ha puesto su talento visual y su conocimiento de la iconografía nacional al servicio no sólo del diseño de los mapas sino de mi propio imaginario. Y sin la amistad de Andrés Holzer estos meses hubiesen sido mas difíciles aún. Los siete son, en realidad, grandes oasis de amistad en medio de la arena pedregosa del diario vivir.

Un libro sobre el nacionalismo incipiente de nuestro país sólo puede escribirse con cierta soltura desde la distancia. La generosidad de Michel Maffesoli y su invitación para participar en el Centro de Estudios sobre lo Actual y lo Cotidiano (CEAQ) de la Sorbona V, René Descartes, me proporcionaron el clima de desafío intelectual y de discusión que necesitaba. Sólo se escribe sobre el pasado porque se encuentra uno interrogando este presente indefinible desde *el reencantamiento del mundo.*

Si lleváramos al extremo una antigua intuición de Bernanos podríamos afirmar que los muertos individuales y sus cuerpos difícilmente se resisten a la sepultura; más temprano que tarde yacen, enterrados, y se les olvida. En cambio los cadáveres sociales —los personajes históricos podrían ser unos de ellos, acaso de los más socorridos— permanecen insepultos por bastante tiempo. Son muchos quienes les impiden morir a gusto. Este nuevo intento de entender qué pensaba y por qué actuaba así Cuauhtémoc —toda novela que se precie es finalmente novela sicológica— tiene como fin entonces perturbar con saña los huesos o las cenizas perdidas del último señor de los hombres del vasto territorio azteca; que se me perdone la blasfemia.

Hannah Arendt decía que una biografía no era sino la forma de encadenar entre sí los puntos luminosos de una vida. Instantes que sólo así cobran sentido. A ese espíritu he querido unirme con este libro que me permite terminar una etapa de aprendizaje tanto literario como histórico sobre México. Continuaré con algunos viajantes extranjeros, mirada complementaria a la de estos tres grandes sacrificados que me he esforzado en novelar hasta ahora.

París. Abril, 2008.

Bibliografía

ACOSTA, Joseph de, *Historia natural y moral de las Indias en que se trata de las cosas notables del cielo y elementos, metales, plantas y animales dellas y los ritos y ceremonias, leyes y gobierno, y guerras de los Indios*, Fondo de Cultura Económica, México, 1962.

AGUILAR, FRAY Francisco de, *Relación Breve de la Conquista de Nueva España*, José Porrúa e Hijos, México, sucs., 1954.

ALAMÁN, Lucas, *Hernán Cortés y la Conquista de México*, tomo II, Jus, México, 1985.

ALATRISTE LOZANO, Sealtiel y Taibo II, Paco Ignacio, directores, *México, historia de un pueblo*, tomos 1 y 2, SEP / Editorial Nueva Imagen, México, 1980.

ALVARADO TEZOZÓMOC, Fernando, *Crónica Mexicáyotl*, traducción directa del náhuatl por Adrián F. León, Instituto de Historia, México, 1949.

Anales de Tlatelolco, Antigua Librería Robredo de José Porrúa e Hijos, México, 1948.

ANÓNIMO, *Relación de la genealogía y linaje de los señores que han señoreado esta tierra de Nueva España*, Editorial Salvador Chávez Hayhoe, s.f. (Nueva Colección de Documentos para la Historia de México), Apud Pomar y Zurita.

BARLOW, Robert H., "Tlatelolco en el periodo Tepaneca" (1337-1335), en *Tlatelolco a través de los tiempos*, tomo I, núm. 3.

————, "Los caciques coloniales de Tlatelolco hasta 1561", en *Tlatelolco a través de los tiempos*, tomo II, núm. 8.

————, "Los caciques precortesianos de Tlatelolco en el Códice García

GRANADOS" (Techealoyan I), en *Tlatelolco a través de los tiempos*, tomo IV, núm. 4.

————, "Anales de la conquista de Tlatelolco de 1473 a 1521", en *Tlatelolco a través de los tiempos*, tomo V, núm. 5.

————, "Reverso del Códice García Granados", en *Tlatelolco a través de los tiempos*, tomo VIII, núm. 4.

————, "Otros Caciques Coloniales" (1567-1523), en *Tlatelolco a través de los tiempos*, tomo IX, núm. 7.

BARLOW, Robert H. y McAfee, Byron, "Segunda parte del Códice Aubin", en *Tlatelolco a través de los tiempos*, tomo IX, núm. 5.

BEAUMONT, FRAY Pablo de, *Crónica de Michoacán*, tomos I, II y III, Archivo General de la Nación, México, 1932.

Cartas de Indias, Edición Ministerio de Ultramar, Madrid, 1877.

CASTILLO, Cristóbal del, *Fragmentos de la obra general sobre historia de los mexicanos escrita en lengua náhuatl por Cristóbal del Castillo a fines del siglo VI*, traducción castellana de Francisco del Paso y Troncoso, Tipografía de Landi, Florencia, 1908.

CASTILLO, Ignacio B., "Cuauhtémoc, su ascendencia, su edad, su descendencia", en *Anales del Museo Nacional*, 2ª época, tomo III.

CERVANTES de SALAZAR, Francisco Javier, *Historia Antigua de México*, primera edición del original escrito por el autor, Editorial Porrúa, S.A., México, 1945.

Códice Aubin, *Histoire de la nation mexicaine depuis le départ d'Aztlan jusqu'à l'arrivée des Conquérants espagnols*, traducción de Alexis Aubin, litografías de J. Despartes, Ernest Leroix, Institut National des Sourds-Muets, París, 1893.

Códice Ramírez, manuscrito del siglo XVI intitulado "Relación del origen de los indios que habitan esta Nueva España, según sus historias", examen de la obra, con un texto de cronología mexicana por el licenciado Manuel Orozco y Berra, Editorial Leyenda, S.A., México, 1944.

CONWAY, G.R.G., *La Noche Triste, Documentos. Segura de la Frontera en la Nueva España, año de 1520*, Gante Press, México, 1943.

CORTÉS, Hernán, *Cartas de Relación de la Conquista de México*, 2ª edición, Espasa Calpe Argentina, S.A., Buenos Aires, 1946.

CORTÉS, Hernán, *Cartas y documentos*, Editorial Porrúa, S.A., México, 1963.

CHAVERO, Alfredo, *México a través de los siglos*, tomos I-II. Editorial Cumbre, México, 1988.

CHIMALPAIN, *Anales de San Francisco de San Antón Muñón Chimalpahin Quauhtlehuanitzin*, Sixième et Septième Relatios (1558-1612) Maison Neuve et Ch. Lecrerc, París, 1889.

DÍAZ del CASTILLO, Bernal, *Historia verdadera de la Conquista de Nueva España*, vols. 1, 2 y 3, Editorial Pedro Robredo, México, 1939.

————, *Historia verdadera de la Conquista de la Nueva España*, EspasaCalpe, México, 1968.

DORANTES de CARRANZA, Baltasar, *Sumaria Relacion de las Cosas de la Nueva España*. Con noticia individual de los descendientes legítimos de los Conquistadores y primeros pobladores españoles. La publica por primera vez el Museo Nacional de México, paleografiada del original por el señor don José María de Agreda y Sánchez. México, Imprenta del Museo Nacional, 1902.

DURÁN, FRAY Diego, *Historia de las Indias de la Nueva España e Islas de Tierra Firme*, Publicada y anotada por J. F. Ramírez, México, vol. 2, Imprenta de J. M. Andrade y Escalante, 1897-1880.

El hallazgo de Ichcateopan. Dictamen que rinde la comisión designada por acuerdo del C. Secretario de Educación Pública en relación con las investigaciones y exploraciones realizadas en Ichcateopan, Guerrero. Sobretiro del tomo XII de la Revista Mexicana de Estudios Antropológicos, México, 1950.

ESPEJO, Antonieta y Robert H. Barlow, "El Plano más antiguo de Tlatelolco", en *Tlatelolco a través de los tiempos*, tomo I, núm. 4.

FERNÁNDEZ DE OVIEDO, Gonzalo, *Historia General y Natural de las Indias, Islas y Tierra Firme del Mar Océano*, vol. 4, Madrid, 1851-1855.

GONZÁLEZ OBREGÓN, Luis, *Cuauhtémoc*, México, Publicaciones de la Secretaría de Relaciones Exteriores, 1910.

GUZMÁN, Eulalia, *Cuauhtémoc. Datos biográficos y cronológicos se-gún la historia y la tradición de Ichcateopan*. México, S.P.I., 1955.

————, *La genealogía y biografía de Cuauhtémoc*, Refutaciones a las afirmaciones del grupo oponente de la llamada Gran Comi-sión, Ediciones del Diario de Culiacán.

HERNÁNDEZ, Francisco, *Antigüedades de la Nueva España*, traduc-ción del latín y notas de Joaquín García Pimentel, México, Editorial Robredo, 1946.

HERRERA, Antonio de, *Historia general de los hechos de los castellanos, en las Islas y tierra firme del mar océano*, prólogo de J. Nata-licio González Asunción, vol. 5, Editorial Guaranda, 1945.

ICAZBALCETA, Joaquín, *Colección de documentos para la historia de México*, recopilados por don Joaquín Icazbalceta, vol. 2, im-prenta particular del editor, México, 1958-1866.

Ichcateopan, la tumba de Cuauhtémoc. Héroe supremo de la historia de México, Aconcagua Ediciones y Publicaciones, México, 1973.

ILLESCAS, Gonzalo de, *Un capítulo de su historia pontifical sobre la Conquista de Nueva España*, Editorial Pedro Robredo, Mé-xico, 1940.

IXTLIXÓCHITL, Fernando de Alva, *Obras históricas*, tomo I, Relacio-nes, tomo II, Historia Chichimeca, publicadas y anotadas por Alfredo Chavero, México, 1891-92.

LEÓN PORTILLA, Miguel, *Visión de los vencidos*, Relaciones indígenas de la Conquista, introducción, selección y notas por Miguel Portilla, 2ª ed., UNAM, México, 1961.

————, *La filosofía náhuatl estudiada en sus fuentes*, 2ª ed., Instituto de Investigaciones Históricas, México, 1959.

LIBURA, Krystyna y Urrutia, María Cristina, *Ecos de la Conquista*, SEP/Tecolote, México, 2003.

LÓPEZ AUSTIN, Alfredo, *La constitución real de México Tenochtitlan*, prólogo de Miguel León Portilla, Seminario de Cultura Ná-huatl, México, 1962.

LÓPEZ DE GÓMARA, Francisco, *Historia de la Conquista de México*, introducción y notas de don Joaquín Ramírez Cabañas, volúmenes I y II, Editorial Pedro Robredo, México, 1943.

Los Hallazgos de Ichcateopan, actas de dictámenes de la Comisión Investigadora, México, 1962.

MACÍAS, José S.J., *Hernan Cortés*, Editorial Tradición, México, 1980.

———, *Cuauhtémoc*, Editorial Tradición, México, 1980.

Mapa de Tepechpan, Historia sincrónica y señorial de Tepechpan y México, en *Anales del Museo Nacional*, tomo III, núm. 1, Imprenta de Ignacio Escalante, 1886.

MURIEL, Josefina, "Divergencias en la biografía de Cuauhtémoc", en http://www.ejournal.unam.mx/ehn01/EHN00105.pdf

Orozco y BERRA, Manuel, *Historia antigua y de la Conquista de México*, Editorial Porrúa, México, 1960.

PASO Y TRONCOSO, Francisco del, *Epistolario de la Nueva España*, vol. 17, México, 1939-1942.

PÉREZ DE Oliva, "Algunas cosas de Hernán Cortés y México", Apud. Argensola, *La Conquista de México*, México, 1940.

Poesía indígena de la Altiplanicie, núm. 11, Biblioteca del Estudiante Universitario, México, 1940.

POMAR, Juan Bautista, "Relación de Texcoco", en *Nueva Colección de Documentos para la Historia de México*, Pomar y Zurita, *Relaciones Antiguas* (siglo XVI), Editorial Salvador Chávez Hayhoe, México, s.f.

PRESCOTT, William, *Historia de la Conquista de México*, traducida al español por Joaquín Navarro, tomo I, México, Ignacio Cumplido, 1844, tomo II, México, el editor, Calle de los Rebeldes, núm. 2, 1845.

Relato de la Conquista de Tlatelolco por un autor anónimo de Tlatelolco, redactado en 1528, versión directa del náhuatl por Ángel Ma. Garibay K, en Sahagún, *Historia de las cosas de la Nueva España*, tomo IV, Editorial Porrúa, México, 1956.

Residencia de Cortés, sumario de la residencia tomada a don Fernando Cortés, Gobernador y Capitán General de la Nueva España, y a otros gobernadores y oficiales de la misma, paleografiado del original por el licenciado Ignacio López Rayón, vol. 2, Tipografía Vicente García Torres, 1852-53.

ROMÁN Y ZAMORA, Jerónimo, *Repúblicas de indios, idolatrías y gobierno en México y Perú antes de la Conquista*, Apud. *Colección de libros que tratan de América. Raros o curiosos*, tomos XIV y XV, Madrid, 1897.

SAHAGÚN, FRAY Bernardino, *Historia general de las cosas de la Nueva España*, Editorial Porrúa, México, 1969.

SAN ANTÓN MUÑÓN, Francisco, *Relaciones originales de Chalco Amaquemecan*, Editorial Fondo de Cultura Económica, 1982.

SANTA-ANNA, JUSTO Cecilio, *Tradiciones y leyendas tabasqueñas*.

SCHOLES, J. V. y Roys, R. S., *The Maya Chontal Indian of Acallan*, Carnegie Publications, Washington, 1942.

SOLÍS, Antonio de, *Historia de la Conquista, población y progresos de la América Septentrional conocida por el nombre de Nueva España de México*, Espasa-Calpe Argentina, Buenos Aires, s.f.

SUÁREZ DE PERALTA, Juan, *Noticias históricas de Nueva España*, Madrid, s.p.i., 1878.

TERNAUX-COMPANS, *Voyages, relations et mémoire originaux pour servir a l'histoire de la decouverte de l'Amerique*, publicado por Henri Ternaux Compans, vol. 20, Arthur Bertrand, Libraire, París, 1837-1841.

TORO, Alfonso, *Un crimen de Hernan Cortés; la muerte de doña Catalina Juárez Marcayda (estudio histórico y médico-legal)*, Editorial Patria, México, 1947.

TORQUEMADA, Fray Juan de, *Monarquía indiana*, Editorial Chávez Hayhoe, México, 1944.

TOSCANO, Salvador, *Cuauhtémoc*, Fondo de Cultura Económica, México, 1953.

ZURITA, Alonso de, "Breve relación de los señores de la Nueva España", en *Nueva Colección de Documentos para la Historia de México*, Pomar, Zurita, Relaciones Antiguas (siglo XVI) Editorial Chávez Hayhoe, México, s.f.

ÍNDICE

Primer Amoxtli

Segundo Amoxtli

Segundo Amoxtli

Tercer Amoxtli